Revue Histoire et Informatique /
Zeitschrift Geschichte und Informatik

Volume / Band 20
2019

Enjeux politiques du web: approches historiques

Das Web als politische Herausforderung: historische Perspektiven

EDS. / HRSG.
Nicolas Chachereau, Christiane Sibille,
Enrico Natale, Vlad Atanasiu

Revue Histoire et Informatique /
Zeitschrift Geschichte und Informatik

Volume / Band 20
2019

Unterstützt durch die Schweizerische Akademie
der Geistes- und Sozialwissenschaften
www.sagw.ch

La revue *Histoire et Informatique / Geschichte und Informatik* est éditée depuis 1990 par l'Association Histoire et Informatique et publiée aux Editions Chronos. La revue édite des recueils d'articles sur les thèmes de recherche de l'association, souvent en relation directe avec des manifestations scientifiques. La coordination des publications et des articles est sous la responsabilité du comité de l'association. Les articles publiés sont soumis à une procédure de Peer Review. Les anciens numéros de la revue sont accessibles sur la plateforme www.e-periodica.ch. Le présent volume, en plus de sa version imprimée, est également accessible en Open Access sur le site de l'association www.ahc-ch.ch sous licence Creative Commons (CC-BY-NC-ND).

Seit 1990 ist der Verein Geschichte und Informatik Herausgeber der Reihe *Geschichte und Informatik / Histoire et Informatique*, die beim Chronos-Verlag erscheint. In der Reihe erscheinen Sammelbände zu den wissenschaftlichen Veranstaltungen des Vereins. Für die Koordination der Publikationen und Beiträge ist der Vorstand des Vereins zuständig. Die Qualität der Beiträge wird durch ein Peer-Review-Verfahren gewährleistet. Die älteren Bände der Zeitschrift sind retrodigitalisiert auf www.e-periodica.ch zugänglich. Der aktuelle Band ist – zusätzlich zur gedruckten Publikation – direkt nach dem Erscheinen auch im Open Access auf der Website www.ahc-ch.ch unter einer CC-BY-NC-ND-Lizenz abrufbar.

Dieses Werk ist lizenziert unter Creative Commons: Namensnennung – nicht kommerziell – keine Bearbeitungen. 4.0 internationale Lizenz.

Informationen zum Verlagsprogramm:
www.chronos-verlag.ch

© 2019 Chronos Verlag, Zürich
ISSN 1420-5955
ISBN 978-3-0340-1466-3
E-Book (PDF): DOI 10.33057/chronos.1466

Inhalt / Sommaire

Introduction   7
Einleitung   15

Dossier

Du grand secret à la «défaite de l'Internet»
Enjeux, mobilisations et controverses autour du pouvoir
des intermédiaires en France dans la décennie 1990   23
Valérie Schafer

Interroger les processus de numérisation des partis politiques français
Etude comparative des trajectoires numériques du Parti socialiste
et de l'Union pour un Mouvement Populaire   41
Anaïs Theviot

Limiting, Controlling and Supporting Digital Circulation
The Political and Economic Management of Online Rumours
(yaoyan) on the Internet in the People's Republic of China   61
Gianluigi Negro

**La mémoire kaléidoscopique: l'histoire au prisme
des algorithmes d'autocomplétion**   83
Anna Jobin, Olivier Glassey, Stéfanie Prezioso, Frederic Kaplan

Geschichte der Informatik / Histoire de l'informatique

"A club for all the Greeks"
Home Micros Computer Clubs between Magazines and Stores   103
Theodore Lekkas and Aristotle Tympas

Laborberichte / Rapports de laboratoire

READing Handwritten Documents
Projekt READ und das Staatsarchiv Zürich auf dem Weg zur
automatischen Erkennung von handschriftlichen Dokumenten   127
Tobias Hodel

Introduction

En 1996, le journaliste John Perry Barlow (1947-2018) publiait la «Déclaration d'indépendance du cyberespace»: «Nous créons un monde où chacun, où qu'il se trouve, peut exprimer ses idées, aussi singulières qu'elles puissent être, sans craindre d'être réduit au silence ou à une norme.»[1] La déclaration est emblématique des enjeux politiques du web, auxquels le dossier de ce numéro de la revue *Histoire et Informatique* est consacré. Les idées de cette déclaration nous sont entre-temps devenues familières: internet annoncerait l'avènement d'une «civilisation de l'esprit», «plus humaine et plus juste»[2], un «espace social global», sans frontières, immatériel et ouvert à tous, «sans privilège ni préjugé dicté par la race, le pouvoir économique, la puissance militaire ou le lieu de naissance», échappant aux gouvernements en place et régulé uniquement à l'aide «de l'éthique, de l'intérêt individuel éclairé et du bien public». Cette vision d'internet comme espace horizontal et démocratique est régulièrement réactivée pour discuter l'actualité médiatique, comme lorsque des centaines de milliers de personnes, mobilisées et organisées en partie à l'aide de plateformes numériques comme Facebook et Twitter, ont occupé pendant plus de deux semaines, début 2011, la place Tahrir au Caire. La suspension des télécommunications internet par les autorités égyptiennes et finalement la démission du président égyptien Hosni Moubarak n'étaient-elles pas des preuves du potentiel démocratique et proprement révolutionnaire des nouvelles technologies?

En fait, une telle vision d'internet doit beaucoup à la culture et aux espoirs des premiers usagers du réseau des réseaux. Lors de la rédaction de la «Déclaration d'indépendance du cyberespace», internet débute à peine sa diffusion dans la société[3]. Comme l'ont montré les historiens, les idées

---

1 Nous citons d'après la traduction de Jean-Marc Mandosio parue dans BARLOW John Perry, «Déclaration d'indépendance du cyberespace», in: BLONDEAU Olivier, LATRIVE Florent (éds.), *Libres enfants du savoir numérique*, Paris 2000, 47–54, https://www.cairn.info/libres-enfants-du-savoir-numerique--9782841620432-page-47.htm (consulté le 1. 9. 2018). Une copie en langue originale peut par exemple être consultée sur BARLOW John Perry, «A Declaration of the Independence of Cyberspace», *Electronic Frontier Foundation*, 20. 1. 2016 [éd. orig. 8. 2. 1996], https://www.eff.org/cyberspace-independence (consulté le 8. 8. 2018).
2 Toutes les citations de ce paragraphe sont tirées de la «Déclaration d'indépendance du cyberespace».
3 D'après les statistiques de l'Union internationale des télécommunications, moins de 5% de la population adulte se sert d'internet en 1996 en Suisse, en Allemagne, en France, au Japon ou encore au Royaume-Uni. Aux États-Unis, la proportion serait d'environ 16%. «Statistics», *International Telecommunication Union*, https://www.itu.int/en/ITU-D/Statistics/Pages/stat/default.aspx (consulté le 8. 8. 2018).

de son auteur trouvent leurs origines dans la contre-culture des hippies états-uniens[4], dont certains voient dans les réseaux informatiques une nouvelle chance de fonder une société alternative. Barlow fait lui-même partie de cette mouvance contre-culturelle, lui qui a été dans les années 1970 le parolier d'un groupe culte de rock psychédélique (*The Grateful Dead*). À cette contre-culture hippie est venue s'associer la culture professionnelle des scientifiques pionniers d'internet, favorables à la collaboration et au partage et marqués par la cybernétique[5]. Enfin, dans les années 1990, les discours des hippies fascinés par les réseaux informatiques sont entrés aussi en résonance – le paradoxe a souvent été souligné – avec les transformations du capitalisme, en particulier la réorganisation de certaines entreprises américaines sur un modèle plus horizontal, en réseau, valorisant la créativité, l'individualité et la flexibilité des salariés[6]. Ailleurs qu'aux États-Unis, des visions similaires se retrouvent, malgré des origines différentes. Ainsi en France, les premiers internautes, fournisseurs d'accès internet, hébergeurs et webmestres, souvent bénévoles, expriment une méfiance envers les structures formelles et parient sur la régulation d'internet par l'institution de nouvelles mœurs, partant du bas plutôt qu'imposée depuis le haut[7].

Non seulement l'idée du potentiel émancipateur d'internet ne découle pas d'un examen rigoureux, mais l'actualité récente vient la remettre en cause. Depuis l'élection de Donald Trump à la présidence des États-Unis en novembre 2016, de nombreux journalistes et essayistes ont discuté la manière dont internet et plus particulièrement les réseaux sociaux numériques (principalement les plateformes Twitter et Facebook) tendraient non à renforcer la démocratie, mais à mettre en danger son fonctionnement. Premièrement, en sélectionnant de manière automatisée les informations selon des profils individualisés, ces plateformes tendraient à exposer chaque utilisateur très majoritairement à des informations et des opinions en ligne avec sa propre orientation idéologique, l'enfermant dans une «bulle» (*filter bubble*)[8]. Les réseaux sociaux tendraient ainsi à augmenter la polarisation

---

4   TURNER Fred, *Aux sources de l'utopie numérique: de la contre-culture à la cyberculture : Stewart Brand, un homme d'influence*, Caen 2012 [éd. orig. 2006]. FLICHY Patrice, *L'imaginaire d'internet*, Paris 2001, 86–95. CARDON Dominique, *La démocratie Internet: promesses et limites*, Paris 2010. LOVELUCK Benjamin, *Réseaux, libertés et contrôle: une généalogie politique d'internet*, Paris 2015.

5   BARDINI Thierry, *Bootstrapping: Douglas Engelbart, coevolution, and the origins of personal computing*, Stanford 2000, 11, 24–27, 45–53. L'association entre contre-culture et recherches scientifiques en informatique faisait toutefois abstraction de tout ce que ces dernières devaient aux préoccupations militaires de la guerre froide. Notamment EDWARDS Paul N., *The Closed World: Computers and the Politics of Discourse in Cold War America*, Cambridge (Mass.) 1996.

6   TURNER (voir note 4), 262–265, 277–319, 328–333 notamment.

7   AURAY Nicolas, «L'Olympe de l'internet français et sa conception de la loi civile», *Les Cahiers du numérique*, 3 (2002), 7990, https://www.cairn.info/revue-les-cahiers-du-numerique-2002-2-page-79.htm (consulté le 16. 8. 2018).

8   PARISER Eli, *The Filter Bubble: What the Internet Is Hiding from You*, New York 2011.

politique, minant les conditions d'un débat d'idées serein, et menant à une montée des extrêmes[9]. Deuxièmement, le recours à ces réseaux comme source d'information, au détriment des médias traditionnels, favoriseraient la diffusion de rumeurs et de nouvelles mensongères, désormais qualifiées à l'échelle internationale de *fake news*. Des adversaires politiques propageraient même activement certaines de ces rumeurs[10]. Dans cette perspective, internet ne viendrait pas automatiquement renforcer la démocratie, mais la minerait par la désinformation touchant les citoyens et faciliterait aussi l'intervention masquée d'acteurs étrangers dans le débat politique national.

Les articles de ce dossier interrogent ces enjeux politiques d'internet et du web par différents regards, de l'histoire aux sciences de la communication, en passant par la sociologie et la science politique. Ils participent au riche intérêt interdisciplinaire pour internet et le web, réunis en anglais sous le terme d'«Internet Studies». Ces études vont au-delà d'une opposition stérile entre perspectives optimistes et pessimistes à propos des relations entre internet et démocratie[11]. D'un point de vue historique, nombre de phénomènes suscités par ces nouveautés techniques trouvent en effet des parallèles plus anciens, de l'espoir de paix grâce à la compréhension mutuelle globale, déjà présent à propos des réseaux télégraphiques du XIXe siècle[12], aux discussions sur la protection des données personnelles, que certains ont pu repérer déjà dans les «bureaux d'adresses», qui existent dès le XVIIe siècle dans les grandes villes européennes[13], en passant par le problème des rumeurs et des «fausses nouvelles» dans la société d'Ancien Régime[14]. Au-delà de tels parallèles, l'histoire du web et d'internet connaît depuis quelques années un développement marqué, qui voit la publication

---

9   La littérature sur ce sujet est vaste. Pour un aperçu des enjeux, cf. la discussion autour d'une étude publiée par Facebook pour tenter de répondre à ces critiques – BAKSHY Eytan, MESSING Solomon, ADAMIC Lada A., «Exposure to ideologically diverse news and opinion on Facebook», *Science*, 6239 (2015), 1130–1132, DOI: 10.1126/science.aaa1160 ; SANDVIG Christian, «The Facebook "It's Not Our Fault" Study», *Social Media Collective (Microsoft Research labs)*, 7. 5. 2015, https://socialmediacollective.org/2015/05/07/the-facebook-its-not-our-fault-study/ (consulté le 8. 8. 2018).
10 CHEN Adrian, «The Agency», *The New York Times*, 2. 6. 2015, https://www.nytimes.com/2015/06/07/magazine/the-agency.html (consulté le 7. 8. 2018).
11 DUTTON William H., «Internet Studies: The Foundations of a Transformative Field», in: DUTTON William H. (éd.), *The Oxford Handbook of Internet Studies*, Oxford 2013, 123, DOI: 10.1093/oxfordhb/9780199589074.013.0001. LILLEKER Darren G., VEDEL Theirry, «The Internet in Campaigns and Elections», in: DUTTON William H. (éd.), *The Oxford Handbook of Internet Studies*, 2013, 401–420. FARRELL Henry, «The Consequences of the Internet for Politics», *Annual Review of Political Science*, 1 (2012), 35–52, DOI: 10.1146/annurev-polisci-030810-110815. CAREY James W., «Historical pragmatism and the internet», *New Media & Society*, 4 (2005), 443–455, DOI: 10.1177/1461444805054107.
12 STANDAGE Tom, *The Victorian Internet: The Remarkable Story of the Telegraph and the Nineteenth Century's on-Line Pioneers*, New York 1998.
13 TANTNER Anton, *Les ancêtres des moteurs de recherche : bureaux d'adresse et feuilles d'annonces à l'époque moderne*, Paris 2017 [éd. orig. 2015].
14 LÉVRIER Alexis, «Les fausses morts du Roi-Soleil, ou l'impossible contrôle de l'information», *Le Temps des médias*, 30 (2018), 32–46, DOI: 10.3917/tdm.030.0032 ; DARNTON Robert,

de différents ouvrages introductifs et de manuels, ainsi que la fondation de revues spécialisées[15]. Les études réunies dans ce volume s'inscrivent dans ces développements. D'une part, elles mettent l'accent sur le web, devenu depuis longtemps le principal usage d'internet – au point que la distinction n'est d'ailleurs guère connue du grand public. D'autre part, les recherches présentées sont attentives à l'inscription des activités en ligne dans un paysage politique, social, économique et culturel plus vaste. De manière générale, les articles rompent ainsi de manière salutaire avec un fantasme hérité des débuts de la cyberculture: l'immatérialité des identités en ligne n'a pas pour effet de créer une coupure radicale avec la société existante.

Dans les articles de ce dossier, le web apparaît comme politique à deux points de vue principaux. Premièrement, il semble faire partie des cadres de la vie sociale où peut se déployer une discussion politique. Sur le web circulent en effet des informations sur les affaires publiques, des conceptions antagonistes de la vie collective s'y confrontent et tentent de susciter l'adhésion. En filigrane, les utopies du web comme lieu de discussion horizontale et démocratique se voient interrogées ici, utopies qu'on peut rapprocher aussi, cela a souvent été noté, du concept d'«espace public» tel que développé par le philosophe Jürgen Habermas[16]. Pour Habermas, l'espace public naît à la fin de l'Ancien Régime, permettant aux opinions privées de s'y confronter comme opinions publiques, à distance et potentiellement contre l'État. L'usage public de la raison qui prend place dans ce mode de communication est alors compris comme la recherche collective de la justice. On peut donc se demander si le web, comme espace de discussion, permet un tel «usage public de la raison», ou s'il est soumis aux tendances qu'Habermas a repéré dans les médias du XXe siècle, où la consommation d'une culture de divertissement prend la place d'une discussion éclairée. Deuxièmement, le web est également un objet de l'action étatique, une forme médiatique à réguler. Il s'agit en partie d'y étendre la régulation des discours appliquée à d'autres médias, autrement dit de trouver des moyens

---

«An Early Information Society: News and the Media in Eighteenth-Century Paris», *The American Historical Review*, 1 (2000), 135, DOI: 10.1086/ahr/105.1.1.

15 BRÜGGER Niels (éd.), *Web History*, New York 2010 ; BRÜGGER Niels (éd.), *Web 25: Histories from the First 25 Years of the World Wide Web*, New York 2017 ; GOGGIN Gerard (éd.), *The Routledge Companion to Global Internet Histories*, New York 2017 ; BRÜGGER Niels et al., «Introduction: Internet histories», *Internet Histories*, 12 (2017), 17, DOI: 10.1080/24701475.2017.1317128 ; Sur l'historiographie d'Internet, cf. SCHAFER Valérie, SERRES Alexandre, *Histoires de l'Internet et du Web*, [Berne] 2016, DOI: 10.13098/infoclio.ch-lb-0006 (Living Books About History).

16 HABERMAS Jürgen, *L'espace public, archéologie de la publicité comme dimension constitutive de la société bourgeoise*, Paris 1978 [éd. orig. 1962] ; Pour une introduction en français sur la notion d'espace public, cf. PAQUOT Thierry, *L'espace public*, Paris 2009 ; Pour une discussion du concept d'un point de vue historique: BOUCHERON Patrick, OFFENSTADT Nicolas, «Introduction générale : une histoire de l'échange politique au Moyen Âge», in: *L'espace public au Moyen Âge*, 2011, 121, https://www.cairn.info/l-espace-public-au-moyen-age--9782130573579-page-1.htm (consulté le 21. 8. 2018).

d'y appliquer le droit civil et pénal. Il peut s'agir aussi, pour les groupes dirigeants, d'éviter une remise en cause de leur pouvoir.

La première dimension politique, le web comme arène d'information et de discussion politique, est visible dans tous les articles de ce dossier. La contribution d'Anaïs Théviot étudie ainsi comment les partis politiques français se saisissent du web à partir des années 2000 pour organiser leur communication et recruter des militants. Son analyse dégage deux enjeux centraux pour les partis qu'elle étudie, le Parti socialiste (PS) et l'Union pour un mouvement populaire (UMP). D'une part, intégrer le web dans leurs pratiques leur permet de s'afficher comme «modernes» et «innovants», alors même que les questions techniques n'y sont pas toujours très maîtrisées. D'autre part, la numérisation des partis est étroitement liée aux luttes de pouvoir qui s'y déroulent. Les partisans du recrutement en ligne de nouveaux adhérents espèrent que ceux-ci, moins liés aux courants établis au sein des partis, leur seront plus favorables.

L'article collectif d'Anna Jobin, Olivier Glassey, Stéfanie Prezioso et Frederic Kaplan croise quant à lui deux types de questionnements. Le premier porte sur les usages publics et politiques de l'histoire. Le second concerne l'effet des infrastructures techniques sur l'accès à l'information en ligne, en l'occurrence le fonctionnement des requêtes suggérées à l'internaute, sur la base des premiers mots qu'il a écrits, par le moteur de recherche Google. Par une méthodologie originale, les auteurs ont rassemblé au cours de l'année 2014 un important corpus de suggestions faites par Google pour des requêtes relatives à la Première Guerre mondiale. Ce sujet se justifiait particulièrement par les cérémonies publiques et l'activité médiatique autour de la commémoration du centenaire du conflit. Les auteurs concluent que le dispositif favorise un rapport au «récent» plutôt qu'au passé, les produits culturels de masse, tels qu'une série documentaire télévisée, prenant le pas sur les autres contenus.

Pris ensemble, ces deux articles relativisent l'idée du web comme «espace public» proche de la conception d'Habermas ou de l'utopie des pionniers d'internet. Le web se voit investi par les structures politiques existantes. De plus, le divertissement et la consommation de produits culturels y prennent une place importante. L'imaginaire attaché au réseau se révèle également avoir des effets. Anaïs Théviot note ainsi que les réseaux sociaux numériques créés par les partis politiques français en 2012 échouent notamment parce qu'ils sont conçus dans une logique trop verticale, incompatible avec les valeurs de circulation de l'information et de créativité individuelle portées par les plus jeunes militants-internautes.

Les deux autres articles du dossier se concentrent sur la deuxième dimension politique évoquée, le web comme objet d'action étatique. Valérie Schafer étudie les tâtonnements de la régulation du web dans les années

1990 en France. À partir surtout de 1996, les institutions politiques et judiciaires tentent de limiter la circulation en ligne de certaines images et de certains discours, illégaux à différents points de vue: contenus pédophiles, incitations à la haine raciale ou encore atteintes à la personnalité (publication non autorisée de photographies dénudées ou pornographiques). Les intermédiaires sont au cœur de cette histoire: fournisseurs d'accès à internet et hébergeurs de sites web se voient poursuivis en justice pour avoir transmis ou hébergé du matériel illégal. L'auteure retrace les hésitations dans la voie à suivre: alors que les intermédiaires affirment qu'ils ne font que transmettre des contenus qu'ils ne peuvent vérifier et en appellent à des codes de bonne conduite, diverses initiatives politiques cherchent à les rendre responsables et à les forcer à censurer les images et discours illégaux.

Gianluigi Negro, de son côté, étudie les stratégies du gouvernement chinois pour réguler le web et y limiter les discours «contraires à une société harmonieuse», manière de désigner à la fois des discours dangereux, par exemple favorisant la haine ethnique, raciale ou religieuse, et des propos remettant en cause le pouvoir ou les informations données par les médias officiels. L'auteur met en évidence trois stratégies déployées par les autorités chinoises. La première consiste à tenter de limiter l'usage de pseudonymes sur les réseaux sociaux numériques, en particulier sur la plateforme très populaire Sina Weibo. La deuxième stratégie vise à favoriser sur Sina Weibo le divertissement, au détriment de l'information, et à intégrer des aspects proches de jeux vidéos, les utilisateurs gagnant ou perdant des «points de réputation». Enfin, le gouvernement chinois rétribue des internautes, souvent des étudiants, pour publier des commentaires qui lui sont favorables. L'article rappelle l'inscription historique de ces stratégies, qui font par exemple appel à des concepts nés face aux manifestations de la place Tian'anmen en 1989. Tout en relevant les contradictions qui existent entre ces différentes stratégies, Negro souligne qu'il ne faudrait pas les voir, avec un goût de l'exotisme, comme des questions exclusivement chinoises: la question du contrôle d'internet intéresse de nombreux États.

Dans l'ensemble, les articles du dossier présentent une vision nuancée. Les enjeux politiques centraux, ceux de la liberté d'expression, de la protection de la vie privée et de la qualité des informations en ligne, sont présents depuis les débuts du web. L'utilisation de celui-ci comme espace de discussion politique n'est pas à nier. Cet espace apparaît bien chargé d'un potentiel d'émancipation, permettant à des groupes de se mobiliser et de se coordonner. L'attention portée par les autorités chinoises aux rumeurs qui y circulent le démontre assurément. Ce potentiel apparaît toutefois très fragile. Certes, il ne suffit pas de vouloir contrôler la discussion en ligne pour y parvenir – les partis politiques français en ont fait l'expérience.

Néanmoins, les articles mettent en évidence la multitude des forces sociales à l'œuvre. Outre la censure, la simple masse de commentaires et la place importante de la consommation et du divertissement limitent également le fonctionnement du web comme «espace public». De plus, internet et le web ne sont pas des paradis immatériels coupés du monde matériel. Cela a déjà été noté: lorsque des groupes politiques, après avoir discuté et s'être coordonnés en ligne, descendent dans la rue, ils peuvent être accueillis par des tirs de gaz lacrymogènes, qui n'ont eux assurément rien d'immatériel.

Outre ce dossier consacré aux enjeux politiques du web, *Histoire et Informatique* publie un article consacré à l'usage des ordinateurs personnels en Grèce dans les années 1980. Theodore Lekkas et Aristotle Tympas y explorent les «computer clubs», des associations où les utilisateurs d'ordinateurs personnels partagent connaissances, expériences et programmes. Les auteurs s'inscrivent dans les réflexions en sociologie et histoire des techniques autour des usages et des utilisateurs – par opposition à une attention portée à l'innovation. En effet, l'article souligne le rôle crucial joué par ces «computer clubs» pour le développement de la micro-informatique en Grèce, en l'absence d'offre de formation officielle, d'encouragement de l'État ou de soutien de la part des fabricants. Offrant un apprentissage de l'usage des ordinateurs, voire de la programmation, un accès facilité au matériel et aux logiciels, parfois à la limite de la légalité, les «computer clubs» ont accompagné et adapté la micro-informatique au contexte grec.

Enfin, ce volume inaugure une nouvelle rubrique, intitulée «Rapports de laboratoire», destinée à présenter des projets en cours associant l'informatique et les sciences historiques. Dans ce volume, Tobias Hodel, collaborateur scientifique aux archives du canton de Zurich, décrit le projet READ, soutenu par un financement de l'Union européenne. Le projet vise à développer des systèmes de transcription automatisée de documents manuscrits, chaînon manquant dans les programmes actuels de numérisation. L'article expose les défis et les principes techniques, notamment l'usage du machine learning, et souligne l'importance de la collaboration entre institutions de recherche et institutions patrimoniales, en particulier les archives. *Histoire et Informatique* est très heureux que ce projet enthousiasmant, aux résultats déjà fort honorables, ouvre cette nouvelle rubrique.

Einleitung

1996 veröffentlichte der Journalist John Perry Barlow (1947–2018) eine «Unabhängigkeitserklärung des Cyberspace»: «Wir erschaffen eine Welt, in der jeder Einzelne an jedem Ort seine oder ihre Überzeugungen ausdrücken darf, wie individuell sie auch sind, ohne Angst davor, im Schweigen der Konformität aufgehen zu müssen.»[1] In dieser Erklärung werden einige der politischen Herausforderungen des Web ersichtlich, denen sich der vorliegende Band von «Geschichte und Informatik» widmet. Barlows Ideen aus der «Unabhängigkeitserklärung» sind uns inzwischen vertraut geworden: Das Internet erbringe eine «Zivilisation des Geistes»[2], «gerechter und humaner», einen grenzenlosen, immateriellen, «globalen sozialen Raum», der Allen offen steht, «ohne Bevorzugung oder Vorurteil bezüglich Rasse, Wohlstand, militärischer Macht und Herkunft». Dieser Raum entziehe sich den gewählten staatlichen Regierungen und entwickle eine eigene Regierungsform «aus der Ethik, dem aufgeklärten Selbstinteresse und dem Gemeinschaftswohl». Vorstellungen des Internets als horizontaler und demokratischer Raum prägten in den vergangenen Jahren Diskussionen über das Tagesgeschehen. Beispielsweise als im Jahr 2011 hunderttausende Personen über zwei Wochen lang den Tahrir-Platz in Kairo besetzten, nachdem sie sich zum Teil dank Webplattformen wie Facebook und Twitter abgesprochen hatten. Als der ägyptische Präsident Husni Mubarak zurücktreten musste, nachdem die ägyptischen Behörden zuvor noch versucht hatten, durch eine Internetsperre der Bewegung den Wind aus den Segeln zu nehmen, schien vielen Beobachtern der Beweis des demokratischen und gar revolutionären Potentials dieser neuen Technologien erbracht.

Diese Imaginationen des Internets entstanden unter anderem aus den Idealen und Hoffnungen seiner ersten Benutzer. Als 1996 die «Unabhängigkeitserklärung des Cyberspace» verfasst wurde, war das Internet noch in seinen Kinderschuhen[3]. Für diese Frühzeit haben verschie-

---

1 Zitate nach der deutschen Übersetzung von Stefan Münker: BARLOW John Perry, «Unabhängigkeitserklärung des Cyberspace», Telepolis, 29. 2. 1996, https://www.heise.de/tp/features/Unabhaengigkeitserklaerung-des-Cyberspace-3410887.html (Stand: 4. 9. 2018). Eine Kopie des Originaltexts kann bei der Electronic Frontier Foundation gelesen werden: BARLOW John Perry, «A Declaration of the Independence of Cyberspace», Electronic Frontier Foundation, 20. 1. 2016 [8. Februar 1996], https://www.eff.org/cyberspace-independence (Stand: 8. 8. 2018).
2 In diesem Absatz stammen alle Zitate aus der «Unabhängigkeitserklärung des Cyberspace».
3 Nach den Statistiken der International Telecommunication Union sind 1996 weniger als 5 % der Erwachsenen in der Schweiz, in Deutschland, in Frankreich, in Japan oder im

dene Studien gezeigt, dass die Gegenkultur der amerikanischen Hippies, von denen einige Computer-Netzwerke als neue Chance zur Gründung einer alternativen Gesellschaft auffassten, die Ideen Barlows und anderer Pioniere geprägt haben. Barlow war selbst Teil dieser Gegenkultur: In den 1970er Jahren hatte er Texte für die Psychedelic-Rock-Band *The Grateful Dead* verfasst[4].

Weitere Einflüsse lassen sich in der Verknüpfung der Hippie-Ideale mit der Berufskultur der ersten mit dem Internet arbeitenden Wissenschaftler erkennen, die von den Ideen der Kybernetik geprägt und der Zusammenarbeit und dem Austausch wohlgesinnt waren[5]. Schliesslich erweiterte sich der Resonanzraum des neuen Netzwerkgedankens in den 1990er Jahren auch auf wirtschaftlich orientierte Kreise, als insbesondere einige US-amerikanische Unternehmen neue, horizontale, netzwerkartige Organisationsformen einführten, die Individualität, Kreativität und Flexibilität der Angestellten bevorzugten[6]. Ausserhalb der USA entstanden trotz anderer gesellschaftlicher Entwicklungen ähnliche Wahrnehmungen des Internets. So misstrauten die frühen Internetbenutzer, Hoster und Webmaster in Frankreich formalen Strukturen und befürworteten eine Regulierung des Internets durch neue Verhaltensformen, die von den Nutzerinnen und Nutzern selber entwickelt und nicht «von oben» verordnet werden sollten[7].

Diese geläufige Imagination des emanzipatorischen Potentials des Internets wurde bisher kaum analytisch überprüft und wird neuerdings durch jüngere Entwicklungen zunehmend auch in Frage gestellt. Seit Donald Trump im November 2016 zum Präsidenten der Vereinigten Staaten gewählt wurde, diskutieren zahlreiche Journalisten und Essayisten darüber, ob und in welcher Form das Internet und insbesondere die sozialen Medien – allen voran Twitter und Facebook – die Demokratie eben nicht stärken, sondern vielmehr gefährden würden. Erstens würden solche Plattformen

---

Vereinigten Königreich Internetbenutzer. In den USA sind es ca. 16%. «Statistics», *International Telecommunication Union*, https://www.itu.int/en/ITU-D/Statistics/Pages/stat/default.aspx (Stand: 8. 8. 2018).

4 TURNER Fred, *From Counterculture to Cyberculture: Stewart Brand, the Whole Earth Network, and the Rise of Digital Utopianism*, Chicago 2008 [2006]. FLICHY Patrice, *L'imaginaire d'internet*, Paris 2001, 8695. CARDON Dominique, *La démocratie Internet: promesses et limites*, Paris 2010. LOVELUCK Benjamin, *Réseaux, libertés et contrôle: une généalogie politique d'internet*, Paris 2015.

5 BARDINI Thierry, *Bootstrapping: Douglas Engelbart, coevolution, and the origins of personal computing*, Stanford 2000, 11, 24–27, 45–53. Die Verbindung von Gegenkultur und wissenschaftlichen Forschungen übersah jedoch, wie viel Letztere den militärischen Überlegungen des kalten Krieges verdankten: EDWARDS Paul N., *The Closed World: Computers and the Politics of Discourse in Cold War America*, Cambridge (Mass.) 1996.

6 TURNER (wie Note 4), 262–265, 277–319, 328–333.

7 AURAY Nicolas, « L'Olympe de l'internet français et sa conception de la loi civile », *Les Cahiers du numérique*, (2002), 7990, https://www.cairn.info/revue-les-cahiers-du-numerique-2002-2-page-79.htm (Stand: 16. 8. 2018).

durch die automatisierte, individuell angepasste Auswahl an Nachrichten den Benutzenden überwiegend Informationen und Meinungen anzeigen, die ihren eigenen Interessen entsprechen. Dadurch würden Benutzende in «Filterblasen»[8] isoliert, die politische Debatte polarisiert, eine sachliche Diskussion unmöglich gemacht und ein Anwachsen des Extremismus gefördert[9]. Zweitens würde die verstärkte Nutzung sozialer Medien, auf Kosten der klassischen Medien, die Verbreitung von Gerüchten und falschen Nachrichten («*fake news*») begünstigen, wobei vermutet wird, dass diese Gerüchte teilweise von politischen Gegnern aktiv verbreitet werden[10]. Vor diesem Hintergrund würde das Internet nicht mehr unbedingt die Demokratie stärken, sondern sie durch Desinformation gezielt schwächen und es unter anderem auch ausländischen Mächten erlauben, verdeckt in die nationale Debatte einzugreifen.

Die in diesem Band versammelten Artikel betrachten diese politischen Herausforderungen des Internets und des World Wide Web aus verschiedenen Blickwinkeln und Forschungsdisziplinen und bündeln geschichtswissenschaftliche, kommunikationswissenschaftliche, soziologische und politikwissenschaftliche Perspektiven. Sie teilen damit das interdisziplinäre Interesse am Internet und am World Wide Web und tragen zu den sogenannten *Internet Studies* bei. Wichtig hierbei ist, dass der strikte Gegensatz von pessimistischen und optimistischen Ansichten zum Verhältnis zwischen Internet und Demokratie überwunden werden soll[11].

In der historischen Langzeitbetrachtung lassen sich zu vielen der oben beschriebenen Wahrnehmungen des Internets als neuer Kommunikationstechnologie historische Parallele ziehen. So hofften Zeitgenossen im 19. Jahrhundert, dass das neue Telegrafen-Netzwerk das globale Verständnis fördern und damit zum Frieden beitragen würde[12]. Die «Adressbüros», die

---

8   PARISER Eli, *The Filter Bubble: What the Internet Is Hiding from You*, New York 2011.
9   Zu diesem Thema ist viel geschrieben worden. Ein Einblick in die Fragen bietet die Diskussion über eine von Facebook veröffentlichten Studie, die diese Kritik entzukräften versuchte. BAKSHY Eytan, MESSING Solomon, ADAMIC Lada A., «Exposure to ideologically diverse news and opinion on Facebook», *Science*, 6239 (2015), 1130–1132, DOI: 10.1126/science.aaa1160 ; SANDVIG Christian, «The Facebook "It's Not Our Fault" Study», *Social Media Collective (Microsoft Research labs)*, 7. 5. 2015, https://socialmediacollective.org/2015/05/07/the-facebook-its-not-our-fault-study/ (Stand: 8. 8. 2018).
10 CHEN Adrian, «The Agency», *The New York Times*, 2. 6. 2015, https://www.nytimes.com/2015/06/07/magazine/the-agency.html (Stand: 7. 8. 2018).
11 DUTTON William H., «Internet Studies: The Foundations of a Transformative Field», in: DUTTON William H. (Hg.), *The Oxford Handbook of Internet Studies*, Oxford 2013, 123, DOI: 10.1093/oxfordhb/9780199589074.013.0001. LILLEKER Darren G., VEDEL Theirry, «The Internet in Campaigns and Elections», in: DUTTON William H. (Hg.), *The Oxford Handbook of Internet Studies*, 2013, 401–420. FARRELL Henry, «The Consequences of the Internet for Politics», *Annual Review of Political Science*, 1 (2012), 35–52, DOI: 10.1146/annurev-polisci-030810-110815. CAREY James W., «Historical pragmatism and the internet», *New Media & Society*, 4 (2005), 443–455, DOI: 10.1177/1461444805054107.
12 STANDAGE Tom, *The Victorian Internet: The Remarkable Story of the Telegraph and the Nineteenth Century's on-Line Pioneers*, New York 1998.

es seit dem 17. Jahrhundert in den grossen europäischen Städten gab, sorgten bereits für Diskussionen über den Schutz personenbezogener Daten[13]. Schon im Ancien Régime waren Gerüchte und falsche Nachrichten in den Medien eine Herausforderung für die Öffentlichkeit[14]. Abgesehen von den Betrachtungen solcher Parallelen, hat die historische Forschung über das Web und das Internet seit einigen Jahren an Bedeutung gewonnen und zur Etablierung neuer Zeitschriften sowie zur Publikation von Einführungen und Handbüchern geführt[15]. Die Beiträge dieses Bandes bauen auf diese Entwicklungen auf. Sie stellen einerseits das Web in den Vordergrund, da es zur primären Nutzungsform des Internets geworden ist, so dass die Unterschiede dem breiten Publikum kaum mehr bekannt sind. Andererseits betrachten die vorgestellten Forschungen die Aktivitäten im virtuellen Raum in einem breiten politischen, sozialen, wirtschaftlichen und kulturellen Kontext. Insgesamt hinterfragen die Artikel damit dankenswerterweise eine grundlegende Wunschvorstellung aus den Anfängen der Netzkultur, nämlich dass die Immaterialität der Online-Identitäten einen radikalen Bruch mit der bestehenden Gesellschaft herbeiführen könnte.

Politisch erscheint das Web in den Artikeln dieses Bandes unter zwei Gesichtspunkten. Zum einen gehört es zu den gesellschaftlichen Bereichen, in denen sich eine politische Diskussion entfalten kann. Im Web kursieren Informationen über öffentliche Angelegenheiten. Gegensätzliche Vorstellungen des Zusammenlebens stehen sich gegenüber und versuchen zu überzeugen. Zwischen den Zeilen werden hier die Utopien des Web als Ort einer horizontalen und demokratischen Diskussion hinterfragt. In diesem Kontext wird oft auf das Habermas'sche Konzept der «Öffentlichkeit» Bezug genommen[16]. Nach Habermas entwickelt sich am Ende des Ancien Régime eine Öffentlichkeit, in der sich private Meinungen als öffentliche

---

13 TANTNER Anton, *Die ersten Suchmaschinen : Adressbüros, Fragämter, Intelligenz-Comptoirs*, Berlin 2015.
14 LÉVRIER Alexis, «Les fausses morts du Roi-Soleil, ou l'impossible contrôle de l'information», *Le Temps des médias*, 30 (2018), 32–46, DOI: 10.3917/tdm.030.0032 ; DARNTON Robert, «An Early Information Society: News and the Media in Eighteenth-Century Paris», *The American Historical Review*, 1 (2000), 135, DOI: 10.1086/ahr/105.1.1.
15 BRÜGGER Niels (Hg.), *Web History*, New York 2010 ; BRÜGGER Niels (Hg.), *Web 25: Histories from the First 25 Years of the World Wide Web*, New York 2017 ; GOGGIN Gerard (Hg.), *The Routledge Companion to Global Internet Histories*, New York 2017 ; BRÜGGER Niels u. A., «Introduction: Internet histories», *Internet Histories*, 12 (2017), 17, DOI: 10.1080/24701475.2017.1317128 ; Zur Geschichtsschreibung über das Internet, s. SCHAFER Valérie, SERRES Alexandre, *Histories of the Internet and The Web*, [Berne] 2016, DOI: 10.13098/infoclio.ch-lb-0006 (Living Books About History).
16 HABERMAS Jürgen, *Strukturwandel der Öffentlichkeit : Untersuchungen zu einer Kategorie der bürgerlichen Gesellschaft*, Neuwied 1975 [1962]. Eine Einleitung zum Konzept der «Öffentlichkeit» bietet PAQUOT Thierry, *L'espace public*, Paris 2009. Für einen geschichtswissenschaftlichen Standpunkt siehe: BOUCHERON Patrick, OFFENSTADT Nicolas, «Introduction générale : une histoire de l'échange politique au Moyen Âge», in: *L'espace public au Moyen Âge*, 2011, 121, https://www.cairn.info/l-espace-public-au-moyen-age--9782130573579-page-1.htm (Stand 21. 8. 2018).

Meinungen gegenüberstehen, unabhängig vom und möglicherweise auch gegen den Staat. Eine Bildungsschicht pflegt in diesem Rahmen einen öffentlichen Gebrauch des Verstandes und dieses «öffentliche Räsonnement der Privatleute» kann als eine «Ermittlung des zugleich Richtigen und Rechten» verstanden werden. Es kann dementsprechend gefragt werden, ob das Web als Aushandlungsraum einen solchen «öffentlichen Gebrauch des Verstandes» zulässt, oder ob es zu den Massenmedien des 20. Jahrhunderts zu zählen ist, bei denen Habermas das Aufkommen einer Unterhaltungskultur auf Kosten einer aufgeklärten Diskussion erkannte. Zum anderen erscheint das Web als Objekt staatlicher Tätigkeit. Im Zentrum steht hierbei, geltendes Recht, beispielsweise das Straf- und Zivilrecht, auf eine neue Technologe anzupassen und weiterzuentwickeln. Gegebenenfalls können staatliche Regulationen auch dazu genutzt werden, Aktivitäten zu vermeiden, die gegebene Machtstrukturen hinterfragen würden.

Die erste Dimension, nämlich das Web als Raum der politischen Information und Diskussion, ist ein wichtiges verbindendes Element aller Artikel. Der Beitrag von Anaïs Théviot untersucht, wie die politischen Parteien in Frankreich das Web ab den 2000er Jahren nutzten, um ihre Kommunikation zu organisieren und neue Mitglieder zu gewinnen. Ihre Studie hebt dabei zwei Themen hervor, die für die zwei untersuchten Parteien, die Sozialistische Partei (*Parti socialiste*, PS) und die Mitte-Rechtspartei *Union pour un mouvement populaire* (UMP), von zentraler Bedeutung waren. Einerseits ging es den Parteien darum, als «modern» und «innovativ» wahrgenommen zu werden, obwohl sie mit technischen Aspekten nicht immer umfassend vertraut waren. Andererseits war die Digitalisierung der Parteien eng mit internen Machtkämpfen verbunden. Die Kandidaten, die sich für diese neue Form der Mitgliederwerbung einsetzten, gingen davon aus, dass sie auf diese Weise auch die Stimmen der neuen, noch nicht fest in Parteistrukturen verankerten, Mitglieder gewinnen könnten.

Der Beitrag von Anna Jobin, Olivier Glassey, Stéfanie Prezioso und Frederic Kaplan kombiniert zwei Aspekte, nämlich das öffentliche und politische Gedenken und Erwähnen von Geschichte und den Einfluss auf den Zugriff auf Online-Informationen im Kontext gegebener technischer Infrastrukturen, im konkreten Fall die Suchvorschläge, die Google aufgrund der ersten eingegebenen Worten dem User anzeigt. Hierfür haben die Autoren während des Jahres 2014 einen grösseren Korpus solcher Vorschläge gesammelt, die für Suchanfragen zum Ersten Weltkrieg gemacht wurden. Nach den Ergebnissen der Autorinnen und Autoren bevorzugt Google jüngste und aktuelle Fragen: Breitenwirksame Kulturgüter, etwa eine Fernseh-Dokuserie, drängen andere Inhalte in den Hintergrund.

Gemeinsam betrachtet relativieren diese beiden Artikel die Idee des Web als «Öffentlichkeit» im Habermas'schen Sinne und widerlegen damit auch die Utopien der frühen Internetbenutzer. Die Artikel zeigen, wie das Web von bestehenden politischen Strukturen in Anspruch genommen wird und darüber hinaus Unterhaltung und Kulturkonsum einen wichtigen Platz einnehmen. Trotzdem lassen sich die mit dem Netz verbundenen Idealvorstellungen und ihre Auswirkungen auch in der Praxis erkennen. Wie Anaïs Théviot in ihrem Beitrag zeigen kann, scheiterten die Social-Media-Plattformen, die die französischen Parteien 2012 gründeten, unter anderem aus dem Grund, dass sie zu vertikal gedacht und mit den Werten des Informationsaustausches und der individuellen Kreativität, die den jüngeren online-tätigen Parteimitgliedern wichtig waren, unvereinbar waren.

Die beiden anderen Artikel des Dossiers fokussieren auf die zweite genannte politische Dimension, nämlich das Web als Objekt der staatlichen Aktion. Valérie Schafer untersucht die Versuche der Internet-Regulierung in den 1990er Jahren in Frankreich. Vor allem ab 1996 versuchten Politik und Justiz die Online-Zirkulation bestimmter illegaler Diskurse und Bilder einzudämmen: kinderpornographische Inhalte, Anstiftung zu Rassenhass oder Verletzungen der Persönlichkeit – etwa unerlaubte Veröffentlichung von Nacktfotos oder pornographischen Inhalten. Serviceanbieter sind in diesem Kontext zentral: Internet-Provider und Web-Hoster wurden verklagt, weil sie illegales Material übertragen oder gehostet hatten. Schafer zeichnet die schwierige Suche nach einer gemeinsamen Lösung nach: Während Internetvermittler behaupteten, dass sie Inhalte weiterleiten, die sie nicht kontrollieren können, und zur Schaffung von Verhaltenskodizes aufriefen, versuchten andere Vorstösse, die Provider verantwortlich zu machen und sie zur Zensur illegaler Bilder und Diskurse zu zwingen.

Gianluigi Negro zeichnet die Strategien der chinesischen Regierung nach, die versucht das Web zu regulieren und «einer harmonischen Gesellschaft zuwiderlaufende Diskurse» einzuschränken. Dieses Konzept bezeichnet sowohl gefährliche Diskurse, die etwa einen ethnisch, rassistisch oder religiös motivierten Hass schüren, als auch Äusserungen, die die regierende Partei oder Informationen aus den offiziellen Medien in Frage stellen. Negro untersucht drei Strategien der chinesischen Behörden. Bei der ersten geht es darum, die Benutzung von Pseudonymen auf Social Media zu beschränken, insbesondere auf der sehr beliebten Plattform Sina Weibo. Die zweite Strategie zielt darauf ab, auf Sina Weibo die Unterhaltung auf Kosten der Information zu fördern und von Videospielen inspirierte Mechanismen einzubauen, bei denen Nutzer durch entsprechendes Verhalten virtuelle Punkte gewinnen oder verlieren können. Drittens entlohnt die chinesische Regierung Internetnutzende, oft Studierende, dafür, dass sie linientreue Kommentare hinterlassen. Der Artikel ordnet diese Strategien historisch ein und legt dar, dass diese unter anderem auf Konzepten basieren, die

1989 gegen den Aufstand auf dem Tian'anmen-Platz entwickelt wurden. Negro zeigt auf, dass die Strategien zum Teil widersprüchlich sind, betont aber auch, dass sie nicht nur als eine spezifisch chinesische Frage aufgefasst werden können: Die Frage der Kontrolle des Internets ist für viele Regierungen von Interesse.

Die Artikel des Dossiers ermöglichen somit eine differenzierte Sicht auf das Web als öffentlichen Raum. Die politischen Hauptherausforderungen begleiten das Web seit den Anfängen, sei es die Meinungsfreiheit, der Schutz der Privatsphäre oder die Qualität der Informationen. Die Möglichkeit, das Web als Ort der politischen Debatte zu nutzen ist dabei unbestritten. Dabei scheint ein gewisses Potenzial zur Emanzipation tatsächlich vorhanden zu sein, beispielsweise dadurch, dass Gruppen sich engagieren und sich absprechen können. Dies wird auch durch die Aufmerksamkeit bewiesen, die die chinesischen Behörden Online-Gerüchten schenken. Dieses Potenzial scheint jedoch sehr labil und vom Zusammenspiel unterschiedlicher Faktoren abhängig. Die Online-Diskussion kontrollieren zu wollen genügt dabei jedoch nicht, was zum Beispiel die französischen politischen Parteien lernen mussten. Die Artikel zeigen zudem die Vielzahl der agierenden sozialen Kräfte auf. Ausser durch Zensur wird das Web als mögliche «Öffentlichkeit» auch einfach durch die schiere Anzahl an zur Verfügung stehenden Informationen eingeschränkt, die zusätzlich in Konkurrenz stehen zu anderen Konsum- und Unterhaltungsformen im Web. Schliesslich sind das Web und das Internet keine virtuell-immateriellen, von der real-materiellen Welt getrennten Orte. Wie bereits dargelegt: Wenn politische Gruppen, nachdem sie im virtuellen Raum diskutiert und sich organisiert haben, auf die Strasse gehen, werden sie möglicherweise im *real life* mit Tränengas empfangen.

Neben den Diskussionen über die politischen Herausforderungen des Web enthält der vorliegende Band auch einen Artikel zur Nutzung von Personal Computern in den 1980er Jahren in Griechenland. Theodore Lekkas und Aristotle Tympas erforschen die «Computer Clubs», Vereine, in denen Computernutzer Wissen, Erfahrungen und Software austauschten und damit noch vor der Etablierung des Webs eigene analoge Foren schafften, um sich über die neuen digitalen Technologien auszutauschen. Die Verfasser greifen Überlegungen aus der Techniksoziologie und Technikgeschichte auf und stellen die Benutzung und die User in den Mittelpunkt. Der Artikel unterstreicht die entscheidende Rolle der «Computer Clubs» für die Entwicklung der Mikroinformatik in Griechenland, beim gleichzeitigen Fehlen eines offiziellen Bildungsangebot, einer staatlichen Förderung oder einer Unterstützung seitens der Hersteller. Indem sie Wissen über die allgemeine Nutzung des Computers vermittelten, Programmierkenntnisse weitergaben und einen erleichterten Zugang zu Material und Software anboten, haben die «Computer Clubs» die Mikroinformatik begleitet und dem griechischen Kontext angepasst.

Schliesslich führt dieser Band eine neue Rubrik unter dem Titel «Laborberichte» ein, die laufende Projekte aus der Schweiz vorstellen soll, die Informatik und Geschichtswissenschaften verbinden. In diesem Band porträtiert Tobias Hodel, wissenschaftlicher Mitarbeiter beim Staatsarchiv Zürich, das von der Europäischen Union geförderte Projekt READ. Dieses hat zum Ziel, Systeme zur automatischen Transkription handschriftlicher Dokumente zu entwickeln und damit einen wichtigen Beitrag zur Weiterentwicklung von Digitalisierungsprozessen zu leisten. Der Artikel stellt die technischen Herausforderungen und Herangehensweisen vor, namentlich die Nutzung des *machine learning*, und betont die Wichtigkeit einer Zusammenarbeit zwischen Forschungs- und Gedächtnisinstitutionen, insbesondere Archive. *Geschichte und Informatik* ist froh, dass dieses vielversprechende Projekt, das bereits schöne Ergebnisse vorweisen kann, diese neue Rubrik eröffnet.

Du grand secret à la «défaite de l'Internet»

Enjeux, mobilisations et controverses autour du pouvoir des intermédiaires en France dans la décennie 1990

Valérie Schafer
C²DH, Université du Luxembourg

The role of Internet service providers and content hosts as intermediaries in the Internet world has been strongly debated in France from the 1990s: sometimes in a brutal way, they have indeed had to answer, for some in the courts, for their responsibility with regard to the digital content they conveyed and distributed. This paper analyses the conflicting encounter between these intermediaries and the French state regulation in the 1990s and highlights the gradual implementation of multi-stakeholderism and the transition from self-regulation to co-regulation.

Les débats sur la neutralité de l'Internet et sur la surveillance des informations et communications en ligne placent actuellement au cœur des discussions «les intermédiaires» et leur rôle dans le filtrage, ou au contraire la priorisation, de certains contenus circulant au sein du réseau des réseaux. La Commission européenne a également lancé en 2015 une consultation publique portant, entre autres, sur l'environnement régulatoire des intermédiaires en ligne, notamment «techniques».[1] Définis par l'OCDE comme ceux qui «mettent en contact des tierces parties ou facilitent des transactions entre elles sur l'Internet», qui «rendent accessibles, hébergent, transmettent et indexent sur l'Internet des contenus, produits et services provenant de tierces parties ou fournissent à des tiers des services reposant sur l'Internet»,[2] les intermédiaires ont vu leur rôle mis en débat dès leur naissance dans les années 1990. Parfois de manière brutale, ils ont dû en effet répondre, pour certains devant la justice, de leur responsabilité au regard des contenus véhiculés et diffusés, qu'ils soient fournisseurs d'accès

---

[1] Voir https://ec.europa.eu/digital-single-market/news/public-consultation-regulatory-environment-platforms-online-intermediaries-data-and-cloude (consulté le 11. 6. 2018).
[2] DIRECTION DE LA SCIENCE, DE LA TECHNOLOGIE ET DE L'INDUSTRIE, COMITÉ DE LA POLITIQUE DE L'INFORMATION, DE L'INFORMATIQUE ET DES COMMUNICATIONS, «Forger des partenariats pour promouvoir les objectifs de l'économie Internet. Phase I: Le rôle économique et social des intermédiaires Internet», DSTI/ICCP, 9 (2009), Paris, 15–16. 10. 2009, 20.

à Internet et donc transporteurs de contenus, ou hébergeurs de ces contenus (par exemple au titre d'une offre gratuite ou payante d'hébergement de pages personnelles).

S'appuyant sur des archives audiovisuelles, la presse spécialisée et grand public, des archives nativement numériques – archives du web et des *newsgroups*[3] – et sur une campagne d'entretiens oraux, notre étude revient sur la rencontre conflictuelle entre ces intermédiaires et la volonté de régulation étatique dans la décennie 1990 en France.

Cette mise en perspective historique permet de retrouver des arguments convoqués dans les débats contemporains et de mesurer la récurrence de certains enjeux liés au numérique au cours de ces 20 dernières années, au-delà même des évolutions technologiques, mais aussi de rappeler les premiers pas de controverses et d'une gouvernance qui ne se définit pas encore comme telle, mais voit déjà la société civile se mobiliser et se structurer. Cette analyse permet en outre de décentrer notre point de vue par rapport à une approche trop souvent tournée vers les Etats-Unis, alors que les pays européens ont pu adopter des voies et des agendas politiques différents au cours de l'histoire du web. Elle offre enfin la possibilité de prendre la mesure de l'intervention de l'Etat et de ses tâtonnements en contexte, au moment où «l'indépendance du cyberespace» que proclame John Perry Barlow en 1996 semble de plus en plus illusoire et se heurte à la pleine entrée d'Internet et du web dans le champ politique.[4]

Après avoir présenté quelques-uns des procès qui agitent la Toile en France, mais aussi ses acteurs dans les coulisses, nous verrons dans quelle mesure cette période voit se mettre en place un paysage multi-parties prenantes et introduit le passage de l'autorégulation à la corégulation.

Les procès de l'Internet

Si l'année 1996 est celle d'un décollage du nombre des noms de domaine déposés en France, elle est aussi celle où éclatent les premières mises en accusation médiatisées contre ceux qui se sont imposés comme des intermédiaires dans le champ de la fourniture d'accès ou de contenus, par exemple dans la diffusion des *newsgroups*. L'intervention étatique et juridique commence en amont des grandes affaires qui touchent la Toile, en visant notamment les groupes de discussion – même si c'est le web qui donnera ensuite toute sa visibilité à ces enjeux.

---

3 Espace en ligne de la communauté Usenet, un réseau américain développé à la fin des années 1970 en Caroline du Nord et qui a servi de support aux premiers forums de discussion.
4 BARLOW John Perry, A Declaration of the Independance of Cyberspace. Davos, 8 février 1996, https://www.eff.org/fr/cyberspace-independence (consulté le 11. 6. 2018).

1996, *annus horribilis* pour les intermédiaires

Comme l'a relevé Meryem Marzouki, cofondatrice en 1996 de l'Association des utilisateurs d'Internet (AUI),[5] le sentiment d'une «*entrée dans l'insécurité juridique* à cause du réseau des réseaux» est en France largement corrélée à la circulation du livre du Dr Claude Gubler, médecin de François Mitterrand. *Le grand secret* «dont le retrait de la vente avait été prononcé par la justice réapparaissait, sur Internet, une semaine après son interdiction, qui plus est à disposition de tous, intégralement, librement et gratuitement: il suffisait, pour y accéder, de se connecter à un site web du réseau».[6]

Tous les éléments d'un scandale médiatique et politique sont réunis dans cette affaire: une personnalité connue, le président de la République décédé le 8 janvier 1996, soit quelques jours avant la sortie du livre, le secret (notamment médical) et sa violation, des accusations graves (mensonges des communiqués médicaux sur l'état de santé du président), la décision de la justice de retirer le livre à la demande des familles Mitterrand et Pingeot, et sa mise en ligne par le propriétaire d'un cybercafé de Besançon qui l'a scanné. Isabelle Falque-Pierrotin, alors maître des requêtes au Conseil d'Etat, se souvient d'une véritable onde de choc: «Les politiques prennent en pleine figure le fait qu'il y a quelque chose qui leur résiste, qui résiste à la loi, un mécanisme qu'on n'a jamais vu.»[7] A la suite de cette affaire, le ministre délégué à la Poste, aux télécommunications et à l'espace, François Fillon, lui confie d'ailleurs la responsabilité d'une commission interministérielle, aboutissant à un premier rapport sur les enjeux juridiques d'Internet.[8] Quant à Pascal Barbraud, le patron du cybercafé, il apprendra qu'il ne pouvait impunément braver les autorités, puisqu'il est arrêté le 26 janvier 1996 (même si le motif est le non-paiement de pension alimentaire et l'abandon de famille et non la mise en ligne du livre),[9] tandis qu'en février le matériel

---

5 L'AUI se donne pour mission d'informer, de représenter et d'aider les usagers au sein des processus de régulation juridique d'Internet. Meryem Marzouki, Stéphane Bortzmeyer et d'autres acteurs que nous évoquons dans ce papier s'y investissent, l'association connaissant toutefois des divisions qui amènent à une scission et à la création d'Iris (Imaginons un réseau Internet solidaire) dès 1997, notamment par Meryem Marzouki.
6 MARZOUKI Meryem, «Nouvelles modalités de la censure. Le cas d'Internet en France», Le Temps des médias, 1 (2003), 148.
7 FALQUE-PIERROTIN Isabelle, entretien réalisé par Valérie Schafer, Paris, 30. 5. 2011.
8 Premier ministre, Service juridique et technique de l'information, «Groupe de travail interministériel sur le développement d'Internet». Archives nationales, France, 1996, Carton: 20030501, article 18.
9 MIZIO Francis, «Un coup de pub de trop pour M. Barbraud», Libération, 27. 1. 1996, http://www.liberation.fr/france/1996/01/27/un-coup-de-pub-de-trop-pour-m-barbraud-il-avait-diffuse-le-grand-secret-sur-internet-il-est-arrete-p_158990 (consulté le 11. 9. 2016): «Le procureur, qui, dès le départ de l'affaire le Grand Secret sur l'Internet, avait laissé entendre qu'il n'entamerait aucune procédure tant que les victimes ne se manifesteraient pas (éditeur, auteur et famille Mitterrand), avait toutefois vérifié le casier judiciaire de ‹ce personnage qui focalisait l'attention›. Constatant la condamnation non effectuée du tribunal de Nanterre, il l'a donc fait arrêter hier en fin de matinée. ‹Il n'y a aucunes représailles, assure le procureur, quant à l'affaire Internet, ni coïncidence. Ce qui me gênait, c'est qu'il exploite

du cybercafé est saisi à la requête d'un fournisseur impayé, sans pour autant arrêter la puissance réticulaire à l'œuvre: «Comme tout le monde a pu le remarquer, le serveur ou est le livre de Gubler est archi-surcharge. Vu le temps que j'ai passe (sans resultat) a essayer de recuperer ce livre, il doit forcement y avoir des gens qui ont eu plus de chance (!!!) et qui ont le livre [...]»,[10] peut-on lire dans les *newsgroups* le 25 janvier 1996. Ou encore: «l'adresse de ce web est http://www.le-web.fr/secret/ malheureusement, ce nest qu'une suite de scans pesant assez lourds et tres long a charger (100 byte/sec en moyenne avec un modem 28000b)… Un petit coup d'OCR, et on aurait le texte a ski. Je veux dire ASCII.»[11]

Le livre, qui fait l'objet de demandes et de discussions dans les *newsgroups*, est rapidement repris sur plusieurs dizaines de serveurs. Valérie Sédallian et Philippe Langlois, avocats au Barreau de Paris, constatent l'irruption brutale d'enjeux juridiques mal maîtrisés dans les débats:

«On aura tout entendu à propos de la diffusion sur l'Internet du livre *Le Grand Secret*… qui n'en est plus un. Catalogue des commentaires relevés: vide juridique, zone de non-droit, piratage informatique, copie privée, boîte de Pandore de la liberté d'expression.

La conséquence principale en est une désinformation totale, dont s'émeuvent les internautes sur les newsgroups.»[12]

Alors que le livre a été repris sur des serveurs étrangers, le «vide juridique», que contestent les deux avocats et qui a déjà été évoqué au temps du Minitel, lancé en France dans la première moitié des années 1980, est de nouveau mis en avant en 1996, tandis qu'au sein des groupes *soc.culture.french* et *fr.network.internet*[13] les discussions sont passionnées et les internautes divisés.[14] Alors que certains en appellent à l'autorégulation et aux

---

irrégulièrement un commerce.› D'ailleurs, l'ouvrage du Dr Gubler est toujours disponible sur le site du cybercafé.»

10 Message «Sauvez le Web de Besançon!!», soc.culture.french, 25. 1. 1996, https://groups.google.com/forum/#!original/soc.culture.french/FiOV29xmXnE/ii6v5OQy2a4J (consulté le 15. 5. 2016). Les retranscriptions des discussions au sein des newsgroups respectent l'absence d'accentuation dans les messages ainsi que l'orthographe et la syntaxe d'origine.

11 Message «Où est le Grand Secret?», soc.culture.french, 25. 1. 1996, https://groups.google.com/forum/#!original/soc.culture.french/Slo5QR9fLCs/UmOZtk2oFkQJ (consulté le 13. 9. 2016).

12 Article publié dans Planète Internet, 6 1996), repris sur le site de l'AUI en 1996, https://web.archive.org/web/19961029141003/; http://www.aui.fr/Biblio/Francais/Articles/Planete/num6-vs.html (consulté le 13. 9. 2016).

13 Deux newsgroups francophones, le second étant plus spécifiquement destiné aux discussions consacrées aux réseaux.

14 Message «Proposition de petititon contre le cyber-cafe de Besancon», fr.network.internet, 28. 1. 1996, https://groups.google.com/forum/#!search (consulté le 15. 5. 2016): «Mais nous sommes tous concernes parce qu'il a choisi un moyen technique – le web – qui lui permet de le faire au detriment de l'image de marque d'internet. Je crois au contraire que cette initiative va reveiller tous ceux qui revent de controler internet (cf. reaction du CSA). Mon opinion est que notre meilleure chance d'eviter que les censeurs ne debarquent en force sur internet est de donner de nous une image responsable.»

codes de bonne conduite, l'initiative et les moyens de réaction ne font pas l'unanimité, allant de la cyberpétition à la volonté de faire preuve de pédagogie pour pallier ce qui est perçu comme une absence de compréhension du réseau des réseaux et de ses codes par les politiques, les médias et le grand public.[15]

L'Internet, les médias et les politiques continuent de le découvrir sous l'angle juridique au cours de cette année 1996. L'interpellation de ceux qui sont présentés comme des «gérants de serveurs» par le journal télévisé de 20 heures de France 2 le 8 mai 1996[16] agite déjà la veille la communauté qui se retrouve sur le groupe francophone *fr.soc.divers*. Celle-ci commence à débattre du «coup de filet» qui a frappé les directeurs de FranceNet et WorldNet.[17]

Dans le contexte d'une suite d'arrestations dans les milieux pédophiles, alors que les forces de l'ordre se sont intéressées aux contenus circulant au sein des groupes de discussion et ont pu identifier des contenus à caractère pédophile, les moyens d'intervention sont démonstratifs pour arrêter ceux qui en sont les intermédiaires: les dirigeants de ces deux entreprises de fourniture d'accès à Internet sont placés en examen et leurs locaux perquisitionnés, tandis que les autorités insistent sur la volonté et la nécessité de faire un exemple.[18] Les archives du web et les groupes de discussion gardent trace de la réaction de l'un des deux inculpés, Raffi Garo Haladjian, gérant de FranceNet. Rappelant que les membres de l'Association française des professionnels d'Internet (AFPI) avaient procédé début 1996 à la coupure d'un certain nombre de *newsgroups* (consacrés à des thématiques relevant de la pédophilie, de la piraterie de logiciels, de l'incitation à la haine raciale, etc.), il souligne la difficulté à les identifier quand le titre n'est pas explicite. Il s'appuie pour organiser sa défense sur son statut de simple *provider*, expliquant qu'il ne fait que relayer des contenus au sein d'une chaîne qui, en amont, devrait donc frapper d'autres émetteurs, comme France Télécom et Transpac:

«Un constat d'huissier effectué par FranceNet le mardi 7 mai 1996 sur les serveurs de News de Transpac (groupe France Télécom) nous a permis de recenser l'ensemble des Newsgroups fournis. L'extrait ci-dessous prouve que nombre d'entre eux sont ouvertement pédophiles, zoophiles,

---

15 Idem, 30. 1. 1996: «Peut etre, il serait peut etre preferable d'expliquer en France clairement et a tout le monde (medias, politiques, particuliers, ...) ce qu'est l'Internet en leur mettant le nez dedans jusqu'au cou au besoin (plutot que proposer des cyber-petitions qui serait une position de defense et de culpabilite).»
16 «20 h de France 2», INA, 8. 5. 1996, http://www.ina.fr/video/CAB96019008/internet-paris-video.html (consulté le 13. 5. 2016).
17 Message «Pedophilie et Internet: Arrestation», fr.soc.divers, 7. 5. 1996, https://groups.google.com/forum/#!topic/fr.soc.divers/6JKm24VYelo (consulté le 25. 7. 2015).
18 «Pédophilie sur Internet», 19/20, France 3, INA, 7. 5. 1996.

nécrophiles et scatophiles (tasteless) (aucun de ces Newsgroups ne s'est jamais trouvé sur le serveur de FranceNet) [...]. France Télécom et Transpac devraient par conséquent être poursuivis pour violation de l'article 227/23 du code pénal. En supprimant ces newsgroups à la source, on éviterait ainsi la transmission de newsgroups illégaux aux providers.»[19]

Cet argument est repris la même année dans l'affaire qui oppose les FAI à l'Union des étudiants juifs de France (UEJF). Les procès pour incitation à la haine raciale, qui culminent au tournant de la décennie dans le «procès Yahoo!» et l'affaire Front 14,[20] démarrent en effet également en 1996, lorsque l'UEJF déclenche un référé contre neuf FAI. Les opérateurs sont considérés comme complices de sites qui violent les lois réprimant la négation du génocide et l'incitation à la haine raciale.

Les FAI mis en cause soulignent de nouveau qu'ils ne sont pas un cas isolé et dénoncent des dépôts de plainte sélectifs, laissant certains fournisseurs à l'abri de poursuite, volontairement ou par méconnaissance.[21]

Après les FAI, les procès des hébergeurs

En 1997, l'UEJF dépose avec la Licra une seconde plainte, après celle qui avait visé les neuf FAI, cette fois contre le chanteur Jean-Louis Costes, connu pour ses chansons extrêmement provocatrices, et contre son hébergeur Altern. Les accusations se déplacent donc vers d'autres intermédiaires, tournés vers l'hébergement et non plus le seul transport de contenus.
Cette affaire ne trouve son épilogue qu'en 2009, en raison de la complexité du cas: l'accusé, pour augmenter l'audience de son site, a demandé un second nom de domaine, sans changement de contenu, de fournisseur d'hébergement ou de lieu de stockage des informations. Si en 1997, la Licra et l'UEJF incriminent des textes diffusés sur le site *Costes.org*, le premier jugement du 28 janvier 1999 émis par le Tribunal correctionnel de Paris conclut à la prescription de l'action publique, dans la mesure où les contenus

---

19 Echange «alt.*censurada en Franca», 11. 5. 1996–20. 5. 1996, témoignant de l'internationalisation des débats. Voir https://groups.google.com/forum/#!topic/soc.culture.portuguese/bq2BvelrTRQ (consulté le 15. 2. 2016).
20 Le premier cas concerne la mise en vente sur Yahoo! d'objets nazis. Front14.org, dont le slogan en 2000 sur la page d'accueil «Online hate at its best» ne cache pas les intentions, est quant à lui le point d'accès vers plus de 300 sites faisant l'apologie du nazisme.
21 MARZOUKI Meryem, entretien réalisé par Camille Paloque-Berges et Valérie Schafer, Paris, 18. 5. 2015: «Ils avaient assigné 13 ou 15 fournisseurs d'accès, dont Renater qui fournissait l'accès à tout le secteur Université – Recherche en France. Et pourquoi ces fournisseurs d'accès et pas d'autres? Car ils avaient lu un Que Sais-Je qui, en annexe, listait les fournisseurs d'accès existants.» – Jean-Michel Planche, fondateur du FAI Oléane, a un autre souvenir: «C'est la première fois que j'avais affaire à la justice. [...] Donc là ça a été assez amusant et notamment quand j'ai demandé à l'avocat de l'UEJF: ‹Il y a un gros qui manque là, France Télécom et Transpac.› Et là il me dit: ‹Non mais eux ils sont trop gros, on ne peut rien faire contre eux.› Pour vous montrer le sérieux de ces gens-là.» PLANCHE Jean-Michel, entretien réalisé par Valérie Schafer, La Défense, 9. 11. 2011.

sont identiques à ceux diffusés sur *Altern.costes.org* avant le 8 avril 1997. La plaidoirie de Me Stéphane Lilti pour l'UEJF réfute cependant la prescription (de trois mois) accordée par la loi sur la presse de 1881 qu'invoque Costes.[22] Au terme de douze ans de procédures judiciaires, un arrêt du 6 janvier 2009 de la Cour de cassation confirme «que la simple adjonction d'une seconde adresse pour accéder à un site existant ne saurait caractériser un nouvel acte de publication de textes figurant déjà à l'identique sur ce site»[23] et constate l'extinction de l'action publique.

L'intérêt de l'AUI pour le procès tient, quant à lui, au fait que l'Association a décidé d'intervenir aux côtés de Valentin Lacambre. Hébergeur de Costes, il est un des pionniers dans la fourniture d'accès puis l'hébergement en France avec Altern, après avoir eu une expérience télématique et créé sur Minitel… le 3615 Internet. Il se trouve sur le banc des accusés dans ce procès qui précède un des plus célèbres d'entre eux: l'affaire «Estelle Hallyday».

En mars 1999, Laurent Chemla, fondateur du fournisseur de noms de domaines Gandi avec Valentin Lacambre,[24] propose sur le site d'Altern une foire aux réponses consacrée à l'affaire qui oppose de nouveau l'hébergeur, cette fois à Estelle Hallyday,[25] à la suite de diffusion sur le web de photographies par un certain Silversurfer.[26] Ce dernier les avait scannées d'un magazine et récupérées sur un site. Le journal *Entrevue* republie ces photographies dénudées, avec le sous-titre «Trouvé sur Internet» en indiquant l'URL du site hébergé par Altern, entraînant du même coup la plainte de la mannequin pour «atteinte à son droit à l'image et à l'intimité de sa vie privée».

«Valérie Schafer: Vous aviez combien d'utilisateurs à cette époque?

Valentin Lacambre: 50'000 hébergés actifs, c'était le plus gros service Internet de France; enfin en 1997, ça ne l'était plus, mais c'était encore un service important.

VS: Et le responsable de la diffusion des images?

VL: […] Il n'intéressait pas les avocats d'Estelle Hallyday, il avait moins d'argent qu'une entreprise et pour identifier un gars il faut une enquête, et il n'y a jamais eu de plainte demandant à déloger ce gars-là […].»[27]

---

22 DAVIDOV Michel, «Compte-rendu de Michel Davidov pour l'AUI», 16. 6. 1997, https://groups.google.com/forum/#!topic/fr.network.internet (consulté le 3. 5. 2016).
23 Chambre Criminelle, Bulletin des arrêts, janvier 2009, 12, https://www.courdecassation.fr/IMG/pdf/bul_crim_01_09.pdf (consulté le 25. 3. 2016).
24 CHEMLA Laurent, Confessions d'un voleur. Internet: la liberté confisquée, Paris 2002.
25 Mannequin, elle est alors l'épouse de David Hallyday, fils de Johnny Hallyday et également chanteur.
26 CHEMLA Laurent, «FAQ», 8. 3. 1999, http://altern.org/alternb/defense/faq.html (consulté le 12. 5. 2016).
27 LACAMBRE Valentin, entretien réalisé par Valérie Schafer, Paris, 4. 1. 2012.

Alors que d'autres procès le guettent dont un «pour usurpation des marques ‹calimero›»[28] et ‹c'est vraiment trop injuste›»,[29] Altern ferme peu après.

Responsabilité ou neutralité, autorégulation ou corégulation: le temps des tâtonnements

En quelques années, Valentin Lacambre confie avoir subi plus de 15 procès (aboutissant seulement à deux condamnations).[30] Il n'est toutefois pas le seul accusé: en moins de deux ans une vingtaine d'affaires ont été jugées. Toutes sont éclairantes sur les débats juridiques qu'introduisent Internet et le web: face à un cas qui préfigure le *revenge porn* («Monsieur F., étudiant en informatique, a diffusé sur l'Internet des photographies à caractère pornographique de son ex petite amie accompagnées d'un commentaire sur les mœurs de celle-ci»)[31] le Tribunal de Grande Instance de Privas de septembre 1997 se fonde non sur la diffusion des photographies, mais sur leur numérisation (la condamnation repose sur le fait de mettre ou de conserver en mémoire informatisée des données nominatives entendues au sens de la loi dite «Informatique, fichiers et libertés» de 1978). Si, dans ce cas, le serveur, qui a retiré rapidement les photographies, n'est pas mis en cause, d'autres fournisseurs et hébergeurs sont moins chanceux...

«Je ne suis qu'un tuyau»

Stéphane Bortzmeyer,[32] qui a suivi le premier procès de l'UEJF contre les FAI en 1996 pour le compte de l'AUI, en livre un compte-rendu[33] qui restitue l'état d'esprit des parties prenantes. Les opérateurs sont considérés

---

28 Sur cette affaire, voir http://www.altern.org/alternb/defense/calimoreau/ (consulté le 4. 5. 2016): «TGI de paris, première instance sur le fonds, 24 mars 2000: Interdit a Mr Lacambre tout usage de la phrase ‹c'est trop injuste›, sous quelque forme et support que ce soit.» «S'il ne peut peser sur Monsieur Lacambre une présomption de connaissance du contenu des sites qu'il héberge, il demeure qu'il ne pouvait pas ignorer le nom du domaine et l'adresse du site de Monsieur G et donc que ce nom etait exclusivement constitué de la reproduction d'une marque renommée. Il lui appartenait alors de refuser l'hébergement de ce site sous ce nom et cette adresse.»
29 CHEMLA (voir note 26).
30 GOETZ Julien, MANACH Jean-Marc, «Une contre-histoire de l'Internet», Arte TV et Premières Lignes Télévision, 2013, http://video-streaming.orange.fr/tv/15-proces-2-condamnations-une-contre-histoire-des-internets-arte-VID0000001GuK5.html (extrait, consulté le 23. 5. 2014).
31 Juriscom.net, affaire résumée par Lionel Thoumyre, http://lthoumyre.chez.com/txt/jurisfr/prv/resum.htm (consulté le 13. 5. 2016).
32 Il travaille alors au Conservatoire national des arts et métiers, et a suivi la mise en réseau précoce du Cnam avec le reste de l'Internet. Stéphane Bortzmeyer s'implique aussi à titre personnel dans le web, par la réalisation de sites, et dans l'AUI. Il travaille aujourd'hui à l'Association française pour le nommage Internet en coopération (Afnic).
33 BORTZMEYER Stéphane, «Refere UEJF: mon compte-rendu», 18. 3. 1996, https://groups.

par l'accusation comme complices de l'infraction à laquelle se livrent les sites qui font de la propagande négationniste et violent les lois réprimant l'incitation à la haine raciale, car ils n'auraient pas agi pour faire respecter la légalité, en connaissance de cause. S'ensuit l'énumération très vivante par Stéphane Bortzmeyer des plaidoiries des avocats des FAI, au détour desquelles il ne se prive pas de glisser quelques traits d'humour: «Renater: comme les autres avocats, elle a plaidé à la première personne, ce qui entraine certains effets comiques comme la phrase ‹Je ne suis qu'un tuyau›.»[34]

Le consensus est alors unanime, côté FAI, pour mettre en avant leur neutralité, leur absence de responsabilité et dénoncer les dangers du filtrage: «En matière de filtrage sur Internet, c'est ‹tout ou rien›. On ne peut pas filtrer sélectivement (Axone/IBM)»; «Comme ses confrères, il a plaidé l'‹irresponsabilité› des fournisseurs. Compte tenu du caractère international du réseau, toute censure lui semble impossible. Il s'est nettement prononcé contre l'idée de l'avocat de l'UEJF de demander aux fournisseurs de trouver eux-mêmes la liste des sites à filtrer. Selon lui, il s'agit là d'une responsabilité exclusive du juge»; «Elle a plaidé l'absence de responsabilité de Renater, simple fournisseur d'accès à des sites que Renater ne contrôle pas. Selon elle, Renater fait même des efforts particuliers puisque tout client doit signer une ‹charte de déontologie› (la charte de sécurité Renater). Elle a fait remarquer que même le site web de l'UEJF contient un lien vers un serveur raciste (Renater)»; «Il a lui aussi estimé qu'un fournisseur d'accès n'était qu'un tuyau, neutre par rapport aux informations transportées (Oléane)».[35]

Neutralité des tuyaux, absence de responsabilité et recours à des codes de bonne conduite, à des chartes et à la Netiquette sont parmi les arguments mis en avant par les intermédiaires. Mais la situation est envisagée de manière différente du côté étatique. Souvent accusé d'incompréhension à l'égard des enjeux d'Internet, l'Etat français s'y confronte pourtant dès 1996.

Vers la fin de «l'indépendance du cyberespace»

Jean-Noël Tronc, conseiller du Premier ministre Lionel Jospin et acteur-clé de sa politique en matière de numérique dans la seconde moitié des années 1990, se souvient de la difficulté des politiques à se saisir de l'Internet et du web. Il souligne à quel point les classes dirigeantes publiques et privées avaient alors un manque de familiarité avec l'informatique, bien qu'il nuance ce constat:

---

google.com/forum/#!searchin/fr.network.internet/bortzmeyer$20AUI$20procès$20Renater/fr.network.internet/bNkar8_8gE4/PgrvMHUIDZMJ (consulté le 11. 6. 2015).
34 Idem.
35 Idem.

«Au sein de l'Etat il y a trois tiers: les principaux politiques, décideurs, personne ne voit vraiment le sujet. Il y a un deuxième tiers dans les cabinets ministériels, avec des gens comme Sorbier,[36] Baquiast, Scherrer, moi-même, Isabelle, qui ont une intuition forte qu'il faudrait bouger. Et il y a un troisième tiers d'acteurs méconnus, ou qui vivent dans leur coin, qui vivent bien et qui avancent. Il y a les gens de l'Education Nationale grâce à Renater, grâce au Plan informatique pour tous de Fabius en 1982 [...], il y a des gens au ministère des Finances [...]. Vous avez les gens qui ont créé culture.fr. Vous avez dans les grandes administrations des gens qui ont commencé à avancer. De même, dans les collectivités locales, vous avez un certain nombre d'élus avant-gardistes [...].»[37]

Si les rapports étatiques produits à la demande des différents ministères et qui nourrissent la pensée politique sont parfois empreints d'une vision binaire, entre optimisme et pessimisme,[38] il n'y a pas de renoncement à l'action politique. La télématique – rencontre des télécommunications et de l'informatique au cours des années 1970–1980, dont le plus célèbre résultat français est le Minitel – avait déjà suscité des réflexions sur les communications électroniques et la France n'est pas démunie en ce domaine. Isabelle Falque-Pierrotin peut noter en 1996 que le dispositif législatif est suffisant pour la plupart des infractions concernant la protection des personnes, des consommateurs et des données.[39] Elle se réfère d'ailleurs explicitement au droit de l'audiovisuel et au précédent de la télématique dans ce rapport, qui réunit les contributions de ministères, mais également les auditions d'une quarantaine de professionnels, un retour sur une mission aux Etats-Unis et des échanges avec la Commission européenne. Nouveauté voulue par l'objet du rapport: des contributions ont également été recueillies lors d'une consultation électronique.

Les règles juridiques convoquées empruntent tantôt à la loi Informatique, fichiers et libertés de 1978, tantôt aux lois sur l'audiovisuel ou la presse. Le caractère ambivalent d'Internet et du web, entre diffusion *one to one, one to many* et *many to many*, amène le rapport *Internet, les enjeux juridiques* d'Isabelle Falque-Pierrotin à souligner la difficulté d'«une segmentation *a priori* des services offerts sur Internet en deux blocs: communication

---

36 Laurent Sorbier occupe, de 1995 à 1997, le poste de chargé de mission (Internet) au sein du cabinet de François Fillon, avant de rejoindre, comme Jean-Noël Tronc, le Commissariat général du Plan, en 1997. En juin 2002, il est nommé conseiller technique chargé de la société de l'information au cabinet du Premier ministre, Jean-Pierre Raffarin.
37 TRONC Jean-Noël, entretien réalisé par Valérie Schafer, Paris, 6. 11. 2011.
38 ZETLAOUI Tiphaine, «Histoires(s) politique(s) de l'Internet: de l'amnésie au formatage idéologique», Revue CIRCAV, 24 (2015), 47–60.
39 Mission interministérielle sur l'internet présidée par Isabelle Falque-Pierrotin, Internet. Enjeux juridiques, Paris 1997, http://www.ladocumentationfrancaise.fr/rapports-publics/974057500/index.shtml (consulté le 20. 11. 2015).

audiovisuelle et correspondance privée; la plupart des services sont hybrides et l'on passe indifféremment de l'une à l'autre».[40]

L'absence de «vide juridique» n'empêche bien sûr pas la prise de conscience d'un changement entre l'ère de la télématique «française» et celle d'un Internet transfrontalier.[41] La floraison d'initiatives collectives ou individuelles, sans réelle centralisation, rend caduques, au moins sur le plan pratique, des dispositions qui ont fait leurs preuves dans la période télématique et s'organisaient en relation étroite avec l'opérateur des télécommunications national. Ainsi, alors que l'article 43 de la loi du 30 septembre 1986 prévoit que les services de communication audiovisuelle, autres que la télévision et la radio, utilisant la voie hertzienne ainsi que la télévision et la radio distribuées par câble, soient soumis à déclaration préalable,[42] obligeant les services web à déposer une déclaration auprès du procureur de la République, la plupart des fournisseurs de services et des éditeurs de contenus français ne connaissent pas ou/et n'appliquent pas cette obligation, qui concerne également les pages personnelles.

Les premières initiatives étatiques

En 1996, au moment des premières affaires qui frappent les FAI, François Fillon, ministre délégué à la Poste, aux télécommunications et à l'espace, fait voter un amendement (ensuite censuré par le Conseil constitutionnel) afin d'éviter qu'un intermédiaire technique ne soit poursuivi pour des actes dont il n'est pas responsable. En contrepartie – et celle-ci est loin d'être anodine –, il propose qu'un Conseil supérieur de la télématique, organisme de droit public, dispose du pouvoir de bloquer tout contenu qui lui semblerait illégal, suscitant de vives réactions des associations.

En 1999, ce sont sur les amendements du socialiste Patrick Bloche, alors coprésident à l'Assemblée nationale du groupe d'études sur Internet, sur les technologies de l'information et de la communication et le commerce électronique depuis 1997, que se portent les espoirs de certaines associations comme l'Iris (Imaginons un réseau Internet solidaire):

«‹Art. 43-2. – Les personnes physiques ou morales qui assurent, directement ou indirectement, à titre gratuit ou onéreux, l'accès à des services en ligne autres que de correspondance privée ou le stockage pour mise à disposition du public de signaux, d'écrits, d'images, de sons ou de messages

---

40 Idem.
41 «80% des serveurs étant aujourd'hui d'origine nord-américaine, la plupart des échanges sur l'Internet, marchands ou non marchands, dépassent les frontières françaises. Cette transnationalité est une source de difficulté d'application du droit pénal et du droit commercial.» Idem.
42 Argument qu'utilisait Me Lilti contre Jean-Louis Costes.

de toute nature accessibles par ces services, ne sont responsables des atteintes aux droits des tiers résultant du contenu de ces services que:
– si elles ont elles-mêmes contribué à la création ou à la production de ce contenu;
– ou si, ayant été saisies par une autorité judiciaire, elles n'ont pas agi promptement pour empêcher l'accès à ce contenu, sous réserve qu'elles en assurent directement le stockage.›

‹[A]yant été saisies par une autorité judiciaire›: quelques mots qui changent tout, et qui garantissent le respect de l'état de droit.»[43]

Mais quelques mois plus tard, l'Iris réclame le réexamen de l'amendement Bloche dans son intégralité, alors que le texte a été modifié, introduisant l'idée de saisie par un tiers et la notion de «diligences appropriées» qui modifient fondamentalement le texte que le Conseil constitutionnel censure.

Dans ce contexte, le député socialiste Christian Paul explore une autre voie, celle de la corégulation dans un rapport remis en juin 2000 qui pose des jalons d'une gouvernance multi-parties prenantes, alors que la société civile se mobilise de plus en plus. Ainsi, la condamnation par la Cour d'appel de Paris d'Altern dans le procès qui l'oppose à Estelle Hallyday, couplée au fait que le 18 décembre 1998, la police de Rennes «effectuait une descente extrêmement musclée dans les locaux du Village»,[44] FAI breton associatif, qui hébergeait un site consacré aux films d'horreur présentant des images de nature à choquer la sensibilité des mineurs, a entraîné la réaction de ceux qui se définissent comme des acteurs du «web indépendant». Ils ferment leurs sites du 19 au 21 mars 1999 à l'occasion de la Fête de l'Internet.[45]

La «défaite de l'Internet» mobilise la société civile

Pour ceux qui souhaitent, si ce n'est préserver l'indépendance du cyberspace, au moins un «web indépendant», les procès qui frappent avec régularité Altern jusqu'à sa fermeture deviennent rapidement un symbole, car il n'est pas considéré comme un hébergeur comme les autres. En premier lieu il est gratuit, comme le rappelle Valentin Lacambre, qui a développé cette activité après celle de FAI.[46] Il est aussi rapidement présenté par ses

---

[43] IRIS, «Communiqué de presse», 18. 5. 1999, http://sudptt.moselle.free.fr/Divers/IRIS-Amendements_Bloche.htm (consulté le 12. 5. 2016).

[44] Site defaite-internet.org consulté via la Wayback Machine d'Internet Archive, page archivée le 8. 5. 1999, https://web.archive.org/web/19990508211551/; http://www.defaite-internet.org/DEFAITE/defaite.shtml (consulté le 3. 2. 2015).

[45] Dès 1996, à l'initiative de l'Electronic Frontier Foundation, des milliers de sites arborent déjà un ruban bleu: ils protestent contre le bannissement dans Compuserve des termes «gay», «sex» ou «erotic» et le Communication Decency Act.

[46] LACAMBRE Valentin, entretien réalisé par Valérie Schafer, Paris, 4. 1. 2012: «A partir de 1993, je commence à avoir des demandes d'hébergement, à héberger des gens, au cas par

défenseurs comme l'un des bastions d'un web non marchand, indépendant[47] «et surtout un des derniers alternatifs après la disparition de Mygale [...]».[48] La référence à Mygale est intéressante: parmi les premiers services d'hébergement de pages personnelles en France, il a été créé par un étudiant en informatique, Frédéric Ciréra, dans le cadre d'une maîtrise à Paris 8, au cours de l'année universitaire 1996–1997.[49] Mygale est sommé de quitter le réseau de l'enseignement et de la recherche Renater[50] en 1997, suscitant une polémique, avant de rejoindre Havas on Line en 1997, choix d'un passage à un modèle commercial qui va également être critiqué par certains de ses usagers.[51]

Pour revenir à Altern, ce ne sont pas moins de 1369 sites qui s'engagent à l'initiative d'une «association informelle de webmestres indépendants» appelée le mini-rézo à fermer pour trois jours. Ce «web indépendant» n'est pas forcément un web qui se définit comme militant, puisque Iris ou Fils de punk côtoient le Club de Kayak de Thonon ou le site d'un cours d'enluminures celtes à base d'entrelacs.[52] Comme le relève Nicolas Auray, ce clivage «Défaite de l'Internet / Fête de l'Internet» témoigne cependant d'une prise de conscience par le collectif d'une forme d'unité et d'identité:[53] au-delà de la diversité des sites, tous se mobilisent en faveur des hébergeurs, «nouvelles victimes» après les FAI des «censeurs».

Parmi les acteurs engagés, certains s'inscrivent d'emblée dans des combats collectifs au sein des associations. Mais celles-ci ne partagent pas une unité de vue et sont divisées sur les réponses à apporter à l'Etat. L'Association française des professionnels de l'Internet a par exemple soutenu les amendements Fillon,[54] dans la mesure où ils exonèrent les FAI

---

cas, sur mon serveur. Et avec les amis des amis... cela commence à faire masse et, du coup, j'ai fabriqué Altern.org qui était un hébergeur automatique [...] et les amis des amis font boule de neige. [...] Le côté FAI rémunérait le côté hébergeur gratuit et le côté hébergeur fait connaître le FAI.»

47 Sur les réseaux qui ont contribué à développer l'espace numérique des mouvements sociaux, voir également GRANJON Fabien, TORRES Asdrad, «La naissance d'un acteur majeur de l'‹Internet militant français›», Le Temps des médias, 18/1 (2012), 87–98.
48 Voir http://altern.org/alternb/defense/monde_libertaire.html (consulté le 2. 12. 2015). On notera le nom de domaine, qui revendique un caractère libertaire.
49 TREDAN Olivier, «Le serveur de pages personnelles Mygale», Terminal, 115 (2014), http://terminal.revues.org/244 (consulté le 12. 5. 2016).
50 Réseau national de télécommunications pour la technologie, l'enseignement et la recherche.
51 TREDAN (voir note 49).
52 Site defaite-internet.org consulté via la Wayback Machine d'Internet Archive, page archivée le 19. 8. 2000, https://web.archive.org/web/20000819122353/; http://www.defaite-internet.org/DEFAITE/liste.shtml (consulté le 3. 2. 2015).
53 AURAY Nicolas, «L'Olympe de l'Internet français et sa conception de la loi civile», Cahiers du numérique, 3 (2002), 83, https://www.cairn.info/revue-les-cahiers-du-numerique-2002-2-page-79.htm (consulté le 24. 12. 2016).
54 MAURIAC Laurent, «Les Sages gênent le Net. La censure de l'amendement Fillon divise les acteurs du réseau», Libération, 13. 9. 1996, http://ecrans.liberation.fr/ecrans/1996/09/13/

de responsabilité pour les informations véhiculées sur le réseau, à condition de se conformer à la fourniture de logiciels de filtrage permettant un contrôle parental et au respect d'une «liste noire» élaborée par le Conseil supérieur de la télématique,[55] tandis que l'AUI, davantage tournée vers les droits et l'information des utilisateurs, rejette ces amendements. Mais, les divisions peuvent aussi être internes. Ainsi, Meryem Marzouki quitte-t-elle l'AUI pour fonder Iris à la suite d'un différend: si les membres de l'AUI sont d'accord pour rejeter la création d'un organisme administratif, elle pense que seul «le droit, rien que le droit» doit s'appliquer,[56] tandis que d'autres prônent davantage la régulation par les FAI eux-mêmes et expriment cette position au nom de l'association.[57]

Cette volonté d'autorégulation se double parfois d'un souci pédagogique. Lors de la mobilisation autour des amendements Bloche de 2000 imposant à tout webmestre une identification auprès de son hébergeur, ceux qui se mobilisent conçoivent «un rite original, loufoque et provocateur. Pour *sensibiliser* chaque utilisateur aux conséquences pratiques de la mesure, ils retournèrent sur lui la menace. Ils conçurent un petit programme Javascript l'enjoignant de s'identifier. Lorsque l'utilisateur arrive sur un site membre de l'anneau ‹Défaite de l'internet› [...] il se trouve redirigé vers un autre serveur (nommé ‹rerouteur-fliqueur›), qui l'enjoint de s'identifier. [...] A ce moment, toutes ses visites sont suivies et stockées et lui sont rappelées lorsqu'il utilise le système. Par la pratique, l'usager était ainsi conduit à envisager de lui-même les dangers d'une telle injonction. [...] Ce rite provocant est destiné à la *sensibilisation* des utilisateurs.»[58]

Conclusion: vers une gouvernance multi-parties prenantes de l'Internet

En quelques années, le thème de la liberté d'expression en ligne est devenu suffisamment populaire pour en faire même un argument commercial: Club Internet[59] interpelle l'opinion publique dans un spot publicitaire très

---

les-sages-genent-le-net-la-censure-de-l-amendement-fillon-divise-les-acteurs-du-reseau_182374 (consulté le 4. 3. 2014).

55 Créé par le décret N° 93-274 du 25. 2. 1993 auprès du ministre chargé des Télécommunications, c'est un conseil consultatif. Voir https://www.legifrance.gouv.fr/affichTexte.do?cidTexte=JORFTEXT000000164217&categorieLien=id.

56 MARZOUKI Meryem, entretien réalisé par Camille Paloque-Berges et Valérie Schafer, Paris, 18. 5. 2015, http://web90.hypotheses.org/?s=marzouki&submit=Recherche (consulté le 7. 7. 2015).

57 Idem.

58 AURAY (voir note 53), 88–89. Le mot sensibilisation est en italique dans le texte original.

59 Fournisseur d'accès à Internet commercial, lancé en octobre 1995 par Arnaud Lagardère, Fabrice Sergent et Michel Béra au sein du groupe Lagardère.

orwellien, en 1998, qui rappelle des heures sombres de l'histoire: «Ceux qui ont brûlé les livres voudront peut-être aussi brûler l'Internet, car nous en avons fait l'outil idéal de la liberté et de la culture. Club Internet, le club le plus ouvert de la planète.»[60] Et Liberty Surf[61] communique en 2000 sur le thème de la révolution et du partage des richesses et des savoirs au travers de grandes figures historiques (Lénine, Gandhi, Che Guevara ou Zapata).[62] En 2002, Nicolas Auray livrait toutefois un aperçu des tensions qui traversaient le monde d'une gouvernance en voie de formation. Montrant l'échec à la fois de la régulation par la loi et par la coutume, il soulignait la spécificité du positionnement français, qui se fonde sur l'institution morale des internautes.[63] Celle-ci est pressentie dès 1996 par Isabelle Falque-Pierrotin dans le tour d'horizon qu'elle livre des approches états-uniennes de la régulation, lorsqu'elle aborde la «Netiquette».[64]

Alors que la seconde moitié de la décennie 1990 a vu les acteurs s'impliquer et se structurer à la faveur des tensions, les années 2000 sont résolument celles des expériences de corégulation, notamment au sein du Forum des droits sur Internet (FDI). Isabelle Falque-Pierrotin va durant dix ans organiser une concertation entre acteurs publics, privés de l'Internet et membres de la société civile, avant que le forum ne s'éteigne en 2011. Elle se souvient d'un démarrage quelque peu chaotique: «[...] Je pense que le calcul de Lionel Jospin était assez simple: on ne sait pas si c'est une bonne idée. On verra si ça marche. La création du Forum est une création qui n'est pas *blessed,* il n'y a pas un coup de tampon officiel par les pouvoirs publics français, on a laissé faire cette idée. Je rassemble les personnes qui partagent l'idée que j'ai. On travaille dans des conditions presque de création d'une start-up, et ensemble on élabore un projet.»[65]

La création de ce «forum hybride»,[66] porteur d'espoirs de «démocratie délibérative» est une voie que le Sommet mondial sur la société de l'information (SMSI) reconnaîtra explicitement en 2005,[67] au moment où il définit la «gouvernance de l'Internet» comme «l'élaboration et l'application par

---

60 CLUB INTERNET, «Spot publicitaire Autodafé», INA, 2. 5. 2016, http://www.ina.fr/video/PUB1027229093/club-internet-autodafe-video.html (consulté le 16. 5. 2016).
61 Créé en 1999, filiale du groupe Kingfisher.
62 LIBERTY SURF, «Spot publicitaire Révolutionnaires», Archives INA, 2. 3. 2000, http://www.ina.fr/video/PUB1411741076/liberty-surf-revolutionnaires-marx-version-45-secondes-video.html (consulté le 2. 5. 2016).
63 AURAY (voir note 53), 85.
64 Mission interministérielle (voir note 39).
65 FALQUE-PIERROTIN Isabelle, entretien réalisé par Valérie Schafer, Paris, 30. 5. 2011.
66 MARZOUKI Meryem, MÉADEL Cécile, «La corégulation d'internet comme instrument d'action publique. Démocratie délibérative ou organisation des pouvoirs?», LERASS-Université Paul Sabatier, Démocratie participative en Europe, novembre 2007, Toulouse, https://halshs.archives-ouvertes.fr/halshs-00347828/document (consulté le 22. 11. 2014).
67 Voir: LAPRISE John, MUSIANI Francesca, «Internet Governance», The International Encyclopedia of Digital Communication and Society, 2015, http://onlinelibrary.wiley.com/doi/10.1002/9781118767771.wbiedcs141/abstract;jsessionid=A25A287255FD339959A1911

les Etats, le secteur privé et la société civile, dans le cadre de leurs rôles respectifs, de principes, normes, règles, procédures de prise de décisions et programmes communs propres à modeler l'évolution et l'utilisation de l'Internet».[68]

La seconde moitié de la décennie 1990 a préparé ce terrain permettant la reconnaissance d'une gouvernance multi-parties prenantes en rupture avec les expériences liées aux médias de diffusion. Impliquant une chaîne d'acteurs complexe – des FAI aux internautes en passant par les producteurs de contenus et leurs hébergeurs elle pose surtout les enjeux de la régulation d'Internet sous l'angle de la curation et de la responsabilité humaines, à un moment qui est encore celui d'un «*handmade* web». Reposée actuellement au sein du Comité d'experts sur les intermédiaires Internet, dont le mandat établi par le Comité des ministres en vertu de l'article 17 du Statut du Conseil de l'Europe s'étend jusqu'à la fin 2017, l'élaboration de propositions normatives sur les rôles et les responsabilités des intermédiaires Internet intègre désormais une étude sur les dimensions des droits humains dans l'application des techniques de traitement des données informatiques (en particulier les algorithmes).[69] Alors qu'aux modestes acteurs, parfois individuels à l'instar d'Altern porté par Valentin Lacambre, et territorialisés, ont succédé des empires de la communication aux logiques multinationales et transnationales, penser la continuité et les évolutions de ces controverses, débats et enjeux permet également de suivre une évolution d'Internet et du web marquée par le poids de plus en plus prégnant des gouvernementalités algorithmiques[70] et d'une «intermédiation purement technologique».[71] On peut à la fois y percevoir le retour de la question de l'autorégulation, encore davantage déplacée vers les internautes, et le besoin d'une corégulation hybride, croisant agentivités humaines et techniques qui «[...] invite à revigorer ‹le vif› de ce qui a fait la posture foucaldienne: une approche généalogique articulant les modes de production du savoir aux modes d'exercice du pouvoir. Face à l'insaisissabilité des manifestations du pouvoir dans la gouvernementalité statistique, dont l'emprise sur le réel se fait à travers des éléments infraindividuels et supraindividuels,

---

821D62A26.f03t03 (consulté le 28. 6. 2015); BROUSSEAU Eric, MARZOUKI Meryem, MÉADEL Cécile, Governance, Regulations and Power on the Internet, Cambridge 2012.
68 Voir http://www.itu.int/wsis/docs2/pc3/off5-fr.pdf (consulté le 12. 5. 2016).
69 Voir http://www.coe.int/fr/web/freedom-expression/committee-of-experts-on-internet-intermediaries-msi-net (consulté le 24. 12. 2016).
70 ROUVROY Antoinette, BERNS Thomas, «Gouvernementalité algorithmique et perspectives d'émancipation. Le disparate comme condition d'individuation par la relation?», Réseaux, 1/177 (2013), 163–196, DOI: 10.3917/res.177.0163.
71 ROUVROY Antoinette, BERNS Thomas, «Le nouveau pouvoir statistique. Ou quand le contrôle s'exerce sur un réel normé, docile et sans événement car constitué de corps ‹numériques›...», Multitudes, 1/40 (2010), 88–103, http://www.cairn.info.inshs.bib.cnrs.fr/revue-multitudes-2010-1-page-88.htm (consulté le 24. 12. 2016).

sur le mode différé et contre-factuel, qui affecte les sujets plutôt qu'il ne les influence, on ne saurait se dispenser de questionner la généalogie des dispositifs technologiques.»[72]

Valérie Schafer
est professeure d'histoire européenne contemporaine au C²DH (Luxembourg Centre for Contemporary and Digital History) à l'Université du Luxembourg. Elle consacre ses travaux à l'histoire d'Internet, du Web et des cultures numériques, ainsi qu'aux archives du Web et au patrimoine nativement numérique.

---

72 Idem.

Interroger les processus de numérisation des partis politiques français

Etude comparative des trajectoires numériques du Parti socialiste et de l'Union pour un Mouvement Populaire

Anaïs Theviot
Université Catholique de l'Ouest, ARENES, atheviot@uco.fr

The use of digital has become unavoidable for European political leaders and more and more research works analyze the strategies of political parties on the Internet. However, the temporal dimension is rarely taken into account. Digital is often taken as a "new" research subject and is not well anchored in long-term partisan dynamics. It is studied in the context of an election or event, but is not included in a more global approach that would question its appropriation by political parties in the long term. The ambition of this article is to reintroduce this process dimension, in particular by paying attention to the institutional context which allowed the development of the use of digital within the political parties. The analysis of the historical trajectories of the two French political parties brings to light the strategic and power issues, internal to the political parties, which preside over the introduction of the web.

En l'espace de dix ans, le recours au numérique est devenu incontournable pour les cadres politiques européens. Internet s'est propulsé parmi les priorités de la scène politique française lors de la campagne sur le traité établissant une Constitution pour l'Europe en 2005[1] et de l'élection présidentielle de 2007.[2] Cet attrait pour les technologies est particulièrement saillant au moment des campagnes électorales où les candidats se livrent à une véritable «course politique virtuelle».[3] L'actualité récente de cet

---

1 FOUETILLOU Guilhem, «Le web et le traité constitutionnel européen. Ecologie d'une localité thématique compétitive», *Réseaux,* 26/147 (2008), 229–257.
2 YANOSHEVSKY Galia, «L'usage des vidéoblogs dans l'élection présidentielle de 2007. Vers une image plurigérée des candidats», *Mots. Les langages du politique,* 89 (2009); VACCARI Christian, «Surfing to the Elysée: The Internet in the 2007 French Elections», *French Politics,* 6/1 (2008), 1–22.
3 BARBONI Thierry, TREILLE Eric, «L'engagement 2.0», *Revue française de science politique,* 60 (2010), 1137.

automne 2016 souligne que les exemples ne manquent pas: du rôle-clé joué par le cabinet *Liegey-Muller-Pons* auprès de l'ancien ministre français Emmanuel Macron pour orchestrer en ligne son mouvement «En marche», au recours à la plateforme *NationBuilder*[4] par le candidat Alain Juppé à la primaire de la droite et du centre.

Plusieurs travaux analysent l'usage du web lors de ces campagnes électorales.[5] Mais la focalisation sur ce moment intense de la vie politique a souvent laissé de côté une mise en perspective historique. Que ce soit pour les travaux anglophones[6] ou francophones,[7] le numérique est souvent pris comme un objet de recherche «nouveau» et s'avère peu ancré dans les dynamiques sociohistoriques partisanes. Il est étudié dans le contexte d'une élection ou d'un événement, mais n'est pas compris dans une approche plus globale qui irait questionner son appropriation par les partis politiques à long terme. En France, le manque de perspective historique conduit par exemple à une certaine naturalisation de la campagne de Ségolène Royal en 2007, considérée comme point de départ de l'organisation de l'activisme de terrain en ligne. S'obliger à prendre un certain recul historique permet de mettre au jour les enjeux internes aux partis politiques qui ont présidé à l'introduction du numérique.

L'ambition de cet article est de réintroduire cette dimension processuelle, notamment en prêtant attention au contexte institutionnel qui a permis le développement de l'usage du numérique au sein des partis politiques. Il s'agit de donner une épaisseur historique[8] à l'introduction du web

---

4 Fondé en 2009 à Los Angeles par J. Gilliam, *NationBuilder* se décrit comme un «système d'exploitation de communauté» adapté aux ONG, aux associations, aux activistes, aux artistes, mais également aux partis politiques et aux acteurs institutionnels. Sur l'usage de *NationBuilder* lors de la primaire de la droite et du centre, se référer à THEVIOT Anaïs, «Les primaires: terrain d'expérimentation de l'innovation politique? Le cas de la campagne d'A. Juppé en 2016: une mobilisation ‹scientifique› orchestrée par les data», in: LEFEBVRE Rémi, TREILLE Eric (éds.), *Les primaires ouvertes en France*, Rennes 2016, 213–238.

5 GREFFET Fabienne (dir.), *Continuerlalutte.com. Les partis politiques sur le web*, Paris 2011; STROMER-GALLEY Jennifer, *Presidential Campaigning in the Internet Age*, Oxford 2014.

6 On retrouve le même biais dans les études anglo-saxonnes, si bien que D. Kreiss invite ses collègues américains à reconsidérer la dimension temporelle dans leurs recherches. KREISS Daniel, *Taking our Country Back. The Crafting of Networked Politics from Howard Dean to Barack Obama*, Oxford 2012.

7 BEAUVALLET Godefroy, RONAI Maurice, «Vivre à temps réels», *Réseaux*, 1/129-130 (2005), 275–309; DESQUINABO Nicolas, «Dynamiques et impacts des propositions politiques dans les webforums partisans», *Réseaux*, 26/150 (2008), 107–132.

8 W. Sewell rappelle, que dans le langage courant, le terme *histoire* renvoie à deux dimensions: ce qui a eu lieu dans le passé «l'histoire comme contexte» et ce qui se déroule dans le temps «l'histoire comme transformation». Si on est un adepte de «l'histoire comme contexte», on étudie un «bloc de temps», un «moment synchronique». On suspend le temps, on se concentre sur un moment donné et on essaie de restituer la logique qui assemble les croyances, les pratiques, etc. C'est la démarche que je vais privilégier dans l'analyse de mes données – «il est plus important de savoir comment suspendre le temps que de savoir comment raconter sa progression». SEWELL William H. Jr., «Geertz, Cultural Systems and History: From Synchrony to Transformation», *Representations*, 59 (1997), 35–55.

au sein des deux principaux partis du Gouvernement français: le Parti Socialiste (PS) et l'Union pour un Mouvement Populaire (UMP). L'analyse des trajectoires historiques de ces partis permet de «rendre compte des transformations et de la diffusion et de l'ancrage durable ou non du nouveau dans l'institution, jusqu'à devenir un modèle d'organisation collectivement partagé».[9] Le propos est centré sur les stratégies et les enjeux internes aux partis politiques et s'intéresse, à la marge, aux évolutions externes qui seront davantage questionnées dans de futurs travaux.

La période étudiée prend comme point de départ l'année 2002. Cette date consacre la naissance de l'UMP avec la tenue du Congrès du 17 novembre 2002 et marque une étape dans l'usage du web avec la mise en place d'un scrutin par Internet visant à élire un des cinq candidats à la présidence du parti. Pour le PS, 2002 fait écho à la défaite de Lionel Jospin à l'élection présidentielle qui a donné lieu à une refonte complète des directions partisanes, au siège du PS, à Solferino. En amont du Congrès socialiste de Dijon (16–18 mai 2003), un collectif regroupant six secrétaires de fédération lance un «appel pour la refondation du PS» afin d'afficher leur volonté de «démocratiser» la préparation des congrès socialistes et le recours au web est évoqué pour promouvoir des formes de consultation élargie des adhérents dans le fonctionnement interne du parti. A cette date, le PS tout comme l'UMP n'avaient pas de direction du web, mais seulement quelques chargés du numérique qui étaient intégrés à la direction de la communication de ces partis.

L'étude s'appuiera sur les articles de presse, la littérature académique disponible et les documents internes au parti (organigramme, etc.), complétés par plus de 50 entretiens[10] effectués avec les professionnels de la communication partisane digitale de ces deux partis, dont les membres des directions de la communication.[11]

Notre analyse se consacre tout d'abord au changement du début des années 2000 qui ont vu apparaître, de manière rapide à l'UMP, un usage orchestré du numérique, associé à sa refondation, alors qu'au PS le

---

9 BONNY Yves, GIULIANI Frédérique, Configurations et trajectoires de l'innovation institutionnelle. Une introduction, *Socio-logos. Revue de l'association française de sociologie*, 7 (2012), http://socio-logos.revues.org/2636 (consulté le 12. 6. 2016).

10 Pour cette enquête, une cinquantaine d'entretiens ont été réalisés avec plusieurs membres des équipes numériques de campagne de l'élection présidentielle de 2002, 2007 et 2012. Au moment des interviews (en 2012–2013), soit quatre à dix ans plus tard, les enquêtés n'avaient plus précisément en tête le déroulement de la campagne de 2002 ou de 2007. Il en reste des représentations construites, imaginées, réinventées *a posteriori*. Ces reconstructions *a posteriori* sont aussi révélatrices des fantasmes et des mythes qui imprègnent le discours des enquêtés.

11 *Ce travail repose en partie sur notre thèse de doctorat en science politique, soutenue en 2014:* THEVIOT Anaïs, *Mobiliser et militer sur Internet. Reconfigurations des organisations partisanes et du militantisme au Parti Socialiste et à l'Union pour un Mouvement Populaire,* Institut d'Etudes politiques de Bordeaux, Centre Emile Durkheim, 2014.

processus de «numérisation» s'est déroulé à tâtons. Puis, le lien sera fait entre rythme imposé par le calendrier électoral et innovations numériques.

2002: changer le parti pour paraître moderne

Lors du Congrès du 17 novembre 2002[12] est mis en place un scrutin par Internet visant à élire un des cinq candidats à la présidence de l'UMP – dont les deux principaux sont des anciens du Rassemblement pour la République (RPR). Cette volonté d'instaurer des méthodes de vote en ligne s'inscrit dans une stratégie de refonte du parti. La nouvelle UMP veut se démarquer de l'ancien RPR et le recours au numérique paraît un moyen aisé pour donner l'image d'un parti moderne. En 2002, le PS doit de son côté faire face à une profonde défaite subie lors de l'élection présidentielle, marquée par le départ de L. Jospin de la vie politique. Ce contexte difficile amène les cadres du parti à remettre en cause les manières de fonctionner traditionnelles et à proposer des réformes pour le moderniser. Cela passe notamment par des discours autour de «l'ouverture» du parti qui se traduisent par la possibilité d'adhérer en ligne, actée lors du Congrès du Mans en 2005.

Naissance de l'UMP et mise en place du vote numérique interne
En 2002 est lancé un appel à l'union de la droite, dans la perspective des élections législatives de 2002.[13] Celui-ci remporte un vif succès auprès des parlementaires RPR-UDF-DL (Rassemblement pour la République, Union pour la Démocratie française et Démocratie libérale)[14] qui signent un plaidoyer, visant à «engager le regroupement de nos forces».[15] Le 4 avril 2001, cette démarche s'institutionnalise avec la création d'«Alternance 2002», sous le parrainage d'Alain Juppé, le député-maire de Bordeaux et ancien président du RPR (de 1994 à 1997). Quelques mois plus tard, le collectif est rebaptisé l'«Union en Mouvement» et attire les soutiens à la candidature de Jacques Chirac. Ce mouvement devient l'instrument de mobilisation des chiraquiens, bien que J. Chirac refuse d'y participer pour préserver une image d'unité. En adoptant cette position, il se démarque de ses concurrents: il se met en scène comme un homme d'Etat, éloigné des calculs

---

12 Pour plus de détails sur la création de l'UMP, se référer à l'ouvrage de HAEGEL Florence, Les droites en fusion, Paris 2013.
13 Plusieurs avaient déjà eu lieu précédemment, tels que les appels à «l'Alliance» en mai 1998 par Philippe Séguin (RPR), François Léotard (UDF) et Alain Madelin (DL), à l'«union» de l'opposition de Dominique Baudis, à la «fusion» d'Edouard Balladur.
14 Se reporter aux notices «RPF», «UNR», «UDR», «RPR» dans SIRINELLI Jean-François (éd.), Dictionnaire de la vie politique française au XXe siècle, Paris 2003.
15 Extrait du texte introductif «France alternance pour un nouveau contrat politique».

partisans et de courants. En répondant aux sollicitations personnelles de ses partisans en coulisse, il est rapidement critiqué par ses adversaires qui le fustigent d'utiliser son statut de président de la République pour favoriser sa candidature à la prochaine élection présidentielle.

Le 23 avril 2002, l'UMP («Union pour la majorité présidentielle») est officiellement créée. Ayant provoqué la surprise deux jours plus tôt, la présence au second tour de Jean-Marie Le Pen, tête de liste du Front National (FN – parti d'extrême droite français) permet en effet à J. Chirac et à ses partisans de justifier une refondation unitaire des partis de droite afin de contrer la montée du FN.

Le Congrès du 17 novembre 2002 incarne symboliquement le moment de la naissance de l'UMP. C'est également le moment du lancement d'un scrutin par Internet visant à élire un des cinq candidats – dont les deux principaux sont des anciens RPR. La participation enregistrée lors de ce vote est faible puisqu'elle atteint seulement 29%, soit une désignation de l'équipe dirigeante par seulement 22,9% de l'ensemble des militants,[16] – Laurent Olivier souligne cependant qu'il «est plus raisonnable de tabler en fait sur une participation de 50%, en raison de la nette surévaluation du nombre d'adhérents inscrits à l'UMP».[17] Ce scrutin par Internet vise à donner l'image d'un parti modernisé et unifié qui s'engage sur le chemin des innovations technologiques et institutionnelles.

En effet, la création de l'UMP s'accompagne d'une démocratisation supposée par rapport aux partis qui la composent.[18] La structure composite de l'UMP à travers l'absorption de plusieurs formations politiques préexistantes – courants qui ne sont pourtant pas institutionnalisés – l'oblige à introduire encore davantage d'espaces de débats dans son fonctionnement. L'UMP valorise alors davantage sa base militante, comme l'explique le politiste L. Olivier: «Le RPR, avant sa fusion dans l'UMP, prend acte de l'existence de courants implicites, révise son modèle centralisateur, tout en découvrant la base militante comme instrument de légitimation.»[19] Pour préparer le premier conseil national du parti et pour éviter des conflits internes affichés entre les différentes tendances qui composent l'UMP, il est décidé d'organiser des débats en amont. Philippe Douste-Blazy, alors

---

16 Lors de la première élection directe du président du RPR par les adhérents, en décembre 1998, le taux de participation était de 81,5%.
17 OLIVIER Laurent, «Ambiguïtés de la démocratisation partisane en France (PS, RPR, UMP)», *Revue française de science politique,* 53 (2003), 761–790.
18 Le RPR est connu pour la primauté donnée au chef et la cooptation, la démocratie interne n'étant pas au fondement de cette organisation. Des réformes sont pourtant engagées dans les années 1990 au RPR affichant une volonté de démocratisation, telles que le changement de mode de désignation du président du RPR, élu par les adhérents à partir de 1997. Voir DOLEZ Bernard, LAURENT Annie, «Quand les militants du RPR élisent leur président (20 novembre–4 décembre 1999)», *Revue française de science politique,* 1/50 (2000) 125–146.
19 OLIVIER (voir note 17).

secrétaire général de l'UMP, est chargé d'engager ces échanges sur les thèmes de la citoyenneté et de la République, ainsi que sur le terrain des réformes à mener. A cet égard, les membres du conseil national du parti seront consultés par questionnaire – ce qui donnera lieu à la publication d'une brochure intitulée *Paroles de conseillers nationaux* –, et des débats publics seront mis en place au siège du parti. Le 24 janvier 2003, l'UMP lance une campagne de recrutement nommée «Ensemble, faisons grandir l'UMP» afin d'accroître sa base militante. Pourtant, même si ces initiatives revendiquent de nouvelles modalités participatives, allant vers davantage de démocratisation, des règles tacites s'imposent pour équilibrer les courants internes: «Si ces mesures procèdent officiellement d'une volonté ‹d'ouverture› de l'UMP, dans le même temps, le parti s'institutionnalise sur la base du maintien du rapport de forces initial entre ses différentes formations fondatrices.»[20]

Malgré le travail effectué en interne pour limiter les divisions et engendrer des débats d'idées, plusieurs responsables politiques insérés à l'UMP, appartenant à l'origine à d'autres partis que le RPR, réclament des discussions plus ouvertes et une reconnaissance des «mouvements» pluriels et distincts qui forment l'UMP. C'est dans ce contexte de désir de reconnaissance du pluralisme de l'UMP que Nicolas Sarkozy développe une rhétorique autour du débat et accroît avec ses équipes les modalités d'échanges internes en ligne. A l'Université d'été du parti, il souhaite incarner cet élan «modernisateur». En s'adressant à Avoriaz, aux Jeunes Populaires (JP) pour officialiser sa candidature à la présidence de l'UMP, il tente de capter un électorat plus jeune, sensible aux usages du numérique et à ses potentialités interactives. Dans son discours, il insiste sur l'ouverture qu'il souhaite engager dans ce parti. Il propose de favoriser le débat, tout en conservant l'unité et met les adhérents au centre de cette dynamique. Il emploie à six reprises le terme «débat» dans ce discours, à cela s'ajoute des déclinaisons possibles tels «participatif», «échanger», «s'ouvrir», etc.

«Or, force est de constater, et c'est bien l'une de nos faiblesses, que dans le passé on a davantage demandé à l'UMP d'applaudir que d'agir, voire de réfléchir. Or, un parti politique, pour être utile, doit être au cœur de l'action. Je ne vous demanderai jamais d'être des spectateurs muets de la vie politique. Vous serez une *force politique* qui représente les Français, les écoute et qui, de ce fait, pourra parler en leur nom, qui proposera pour la France et, qui donnera son soutien au gouvernement parce que profondément elle sera d'accord. [...] L'UMP, je la veux, je la conçois, je la rêve comme *un espace de liberté, de créativité, d'ouverture, d'audace, de*

---

[20] PETITFILS Anne-Sophie, *Sociologie d'une mobilisation partisane managériale modernisatrice. Une approche contextualisée de la refondation de l'UMP*, thèse de doctorat de science politique, Université de Lille 2, 2012, 95.

générosité et de débat. [...] Notre fonctionnement doit être *profondément rénové*. Nous apparaissons tout à la fois divisés et trop monolithiques. Nos méthodes doivent être considérablement *modernisées*. On ne dirige pas une formation politique en 2004 comme on le faisait il y a 20 ans. Il faut davantage *de collectif, de participatif, de démocratie, d'échange.*»[21]

N. Sarkozy (opposé à deux autres candidats à la présidence de l'UMP)[22] l'emporte sans suspense à l'automne 2004. Comme convenu, la nouvelle direction organise des débats en interne, notamment sur l'élaboration d'un programme unitaire dans la perspective des élections législatives de juin 2007, et utilise Internet pour communiquer sur cette démarche participative et la mettre en œuvre. Ainsi, en 2005, lors de l'organisation de débats autour des 18 conventions thématiques dans la perspective des élections de 2007, les propositions sont mises en ligne sur un site Internet. Les adhérents sont invités à commenter sur Internet ces propositions en répondant à un questionnaire en ligne (disponible aussi dans la revue *Le magazine de l'Union*).

L'année 2002 a marqué la volonté d'inscrire le numérique dans le fonctionnement de l'UMP. Mais cela s'est réellement concrétisé en 2004, avec l'arrivée de N. Sarkozy à la tête du mouvement. Ce dernier a favorisé l'introduction du numérique, en cohérence avec son discours autour de la «modernisation» du parti et le recrutement de nouveaux adhérents.[23] L'introduction du numérique à l'UMP fait aussi écho à des enjeux internes. En effet, recruter en ligne des nouveaux adhérents favorise une déterritorialisation (au moins de départ) de ces derniers. Ce déracinement territorial est favorable au nouveau président de l'UMP: cela permet d'éloigner les nouveaux adhérents des logiques locales d'allégeances aux courants. Le recrutement en ligne permet ainsi de renforcer la personnalisation de l'UMP, favorable à N. Sarkozy qui cherche à renouveler la base militante, issue majoritairement du RPR.

---

21 Extraits choisis du discours de N. Sarkozy, à Avoriaz, le 4. 7. 2004, http://affinitiz.net/space/marseillepoursarkozy/content/_b925381f-7731-4804-a72a-ea3b65d63e07 (nous soulignons, consulté le 21. 1. 2015).
22 N. Dupont-Aignan, le représentant du mouvement souverainiste «Debout la République», qui s'était déjà présenté contre A. Juppé en 2002, et C. Boutin, présidente du «Forum des républicains sociaux».
23 BARGEL Lucie, PETITFILS Anne-Sophie, «‹Militants et populaires!› Une organisation de jeunesse sarkozyste en campagne. L'activation périodique d'une offre organisationnelle de militantisme et ses appropriations pratiques et symboliques», *Revue française de science politique*, 59/1 (2009), 51–75.

Défaites électorales et intégration du numérique par à-coups au PS

Bien que dès 1998, le PS fonde une «section virtuelle»,[24] il faut attendre le Congrès de 2005 pour que le parti s'ouvre véritablement au numérique, notamment dans le recrutement de nouveaux adhérents en ligne – processus engagé dès 2004 par l'UMP.[25]

En novembre 1999, la lettre N° 13 de la section dite virtuelle est consacrée aux enseignements à retirer des campagnes numériques américaines pour celles à venir en France: «Les élections présidentielles 2000 pourraient être au web ce que la compétition présidentielle de 1960 fut à la télévision.»[26] Ainsi, cette section alerte le parti sur les initiatives numériques et permet d'offrir un espace de dialogue aux adhérents intéressés par cette thématique. Mais ses recommandations n'ont que peu d'écho dans les réseaux nationaux du parti, ce qui dénote bien la faible intégration du numérique au sein du PS à la fin des années 1990. Seul un petit groupe d'experts y accordent de l'intérêt. En décembre 2003, la section revendiquait 230 participants: 60 «adhérents» (ils adhèrent au PS via la section virtuelle *Temps réels*), 70 «membres associés» (déjà membres du PS, ils participent aux travaux de *Temps réels* sans quitter leur propre section) et 100 «correspondants» (ils participent aux travaux de *Temps réels,* sans adhérer au PS).

La défaite de 2002 engage un mouvement de réflexion et de remise en cause des institutions socialistes. L'idée est notamment de renforcer le vote direct des adhérents qui est élargi aux questions d'actualité (à leur initiative ou à celle des responsables) lors du Congrès socialiste de Dijon (16–18 mai 2003).

Bien que regroupant seulement une minorité d'adhérents, les membres de la section virtuelle *Temps réels* ont su se faire entendre lors du Congrès socialiste du Mans en 2005. Les responsables de *Temps réels* ont porté six contributions thématiques concernant les technologies de l'information et de la communication.[27] Ce nouvel intérêt pour le numérique au PS est facilement visible avec l'intégration de cette thématique au sein même des propositions de plusieurs motions.[28] C'est le cas par exemple de celle de François Hollande, qui indique:

---

24 Les adhérents ne sont pas rattachés à une section territoriale du parti et communiquent en ligne, en privilégiant les thématiques sur le numérique.
25 La création de cette section virtuelle socialiste est toutefois très précoce puisque il faut attendre 2007, pour que soit formée une Fédération numérique à l'UMP.
26 «Premiers enseignements de l'usage d'Internet dans les élections américaines», Lettre N° 13, 20. 11. 1999. Archives en ligne des lettres de la section numérique, http://lasectionnumeriquedups.net/lettre-n%C2%B013-premiers-enseignements-de-l%E2%80%99usage-d%E2%80%99internet-dans-les-elections-americaines/ (consulté le 15. 6. 2016).
27 Présentation du contenu des six contributions, s'intéressant notamment au télétravail, à la réduction de la «fracture numérique», à la maîtrise sociale des technologies de l'information, etc., http://lasectionnumeriquedups.net/six-contributions-thematiques-technotropes-pour-un-congres/ (consulté le 15. 1. 2016).
28 Les motions 1 (F. Hollande) et 2 (L. Fabius) l'évoquent de façon éparse, la motion 4

«B – Un parti ouvert

Nous savons que le nombre des militants socialistes est trop faible [...]. C'est pourquoi, nous devons mettre en œuvre un grand plan de développement du parti [...]. Pour donner corps à cet objectif, plusieurs conditions doivent être réunies. Les unes sont matérielles: nous devons faciliter les conditions d'adhésion, harmoniser les barèmes des cotisations financières, accepter l'adhésion directe sur internet [...]. Dans la formation ensuite. [...] Internet doit permettre de diffuser des jeux de fiches et de constituer une banque de données. Dans la communication enfin. [...] les campagnes récentes ont montré toute l'importance des technologies modernes pour la communication interne comme pour la communication extérieure. Un nouveau site internet va être ouvert cet automne. Les fédérations se verront également dotées gratuitement de sites qui pourront être déclinés au niveau des sections.»[29]

Etant donné l'intérêt récent porté au numérique, est décidée lors de ce congrès, la mise en place d'un pôle «développement du parti», dont relèvent les technologies de l'information et de la communication (TIC), autour de Jack Lang. C'est ce pôle qui va porter l'idée d'une vague d'adhésions en ligne, à faible coût (20 euros) dans la perspective des primaires internes pour désigner le candidat à l'élection présidentielle de 2007. Nous le verrons, opter pour cette adhésion en ligne relève d'enjeux stratégiques pour les cadres socialistes.

L'intégration du numérique au sein de l'UMP et du PS est rythmé par des enjeux internes propres. Toutefois, il semble que, pour ces deux partis, la volonté de recruter des nouveaux adhérents pour renouveler la base militante a joué un rôle fort dans l'introduction de dispositifs numériques.

Une numérisation, rythmée par les campagnes électorales nationales

Depuis le début des années 2000, les «précampagnes»[30] apparaissent comme un moment d'expérimentations numériques. En amont de la primaire socialiste fermée de 2006, face à la baisse des effectifs, le PS avait proposé une adhésion sur Internet à 20 euros. Cette première adhésion à

(Jean-Marie Bockel) s'y intéresse de façon plus globale en parlant d'innovation en général, alors que la motion 5 (Nouveau Parti socialiste pour une alternative socialiste) y consacre une rubrique entière. La motion 3 (Utopia), quant à elle, n'y fait pas référence.
29 Document archivé du dossier présenté par la motion 1 lors du congrès de 2005, 45–46.
30 La période de précampagne est régie par «des négociations souterraines et inégales, des actions stratégiques et des concurrences personnelles, sans activité particulière en direction de l'électorat». RESTIER-MELLERAY Christiane, *Que sont devenues nos campagnes électorales?*, Pessac 2002, 85.

faible coût et possible en ligne était en soi une forme d'innovation, annonçant déjà les primaires ouvertes.[31] La précampagne de l'élection présidentielle de 2012 a, quant à elle, été marquée par la création et la multiplication par effet de mimétisme de réseaux sociaux partisans, visant à moderniser la mobilisation militante. Chaque campagne électorale présidentielle porte d'ailleurs son lot d'innovations techniques: 2007 a été ainsi marquée par la mise en place de la plateforme participative de S. Royal – Désirs d'Avenir[32] –; 2012 par l'usage intense des réseaux sociaux – notamment Twitter et Facebook –; et enfin 2017 semble s'orienter vers une exploitation des données numériques. Ces avancées techniques s'inspirent fortement des campagnes américaines: le succès de la campagne de Barack Obama de 2008 auprès des experts politiques européens est d'ailleurs régulièrement évoqué dans l'accélération de la numérisation des partis politiques français.

«Ouvrir» le parti avec l'adhésion en ligne pour «démocratiser» les primaires internes

Dans la perspective de l'élection présidentielle de 2007, le PS est face à un défi: recruter de nouveaux adhérents pour contrer son adversaire direct, l'UMP, devenu le premier parti militant de France, dépassant en nombre d'adhérents son concurrent socialiste. L'UMP permet les adhésions en ligne, ce qui n'est pas le cas du PS. A la veille de l'organisation des primaires fermées de 2006, le PS se voit donc contraint de réformer en profondeur son mode de recrutement. Le travail des modalités d'ouverture du parti est confié à J. Lang, alors à la tête du nouveau pôle «développement du parti».

En contrepartie des 20 euros, le nouvel adhérent socialiste a pu acquérir le droit de désigner son candidat à l'élection présidentielle. En faisant baisser le coût des cotisations, il s'agissait d'une première réduction de l'écart entre sympathisants et adhérents qui s'est traduite par une arrivée massive, et souvent nonrenouvelée, de nouveaux adhérents dans l'objectif du vote à la primaire socialiste. L'argument de l'ouverture du parti aux sympathisants, s'accompagnant d'une intention explicite de mutation du lien d'adhésion, est orchestré par une partie des responsables, s'affichant comme des «modernisateurs». Les propos de J. Lang dans la presse en sont un bon exemple:

---

31 Les primaires socialistes ouvertes de 2011, premier scrutin de ce type en France, peuvent être considérées en soi comme une expérimentation pour le PS.
32 Au fondement, Désirs d'Avenir est le nom d'une association regroupant les partisans de S. Royal. Ses statuts ont été déposés le 13 décembre 2005. Cet intitulé a ensuite été emprunté à l'association pour désigner le site Internet mis en place par l'équipe web de S. Royal en 2007. 135'000 contributions ont été enregistrées sur ce site et synthétisées dans *Les Cahiers d'espérance*.

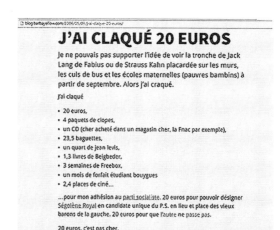

Fig. 1: Capture d'écran d'un blog d'un nouvel adhérent socialiste à 20 euros. Source: http://blog.barbayellow.com/2006/05/09/j-ai-claque-20-euros/ (consulté le 12. 6. 2015).

«Nous avons maintenant le devoir d'élargir notre base militante pour augmenter le nombre des électeurs-adhérents du PS qui choisiront le candidat socialiste. Je travaille sur une campagne d'adhésion dense et forte qui sera lancée fin janvier. Tous ceux qui adhéreront dans les trois mois pourront voter pour désigner notre candidat. [...] Notre campagne d'adhésion sera multiforme, mais il va de soi que nous allons utiliser aussi Internet, c'est une évidence. Mais il existe une très grande différence avec l'UMP. Ce dernier est un parti caporaliste, de type néobonapartiste, qui ne propose pas aux gens une adhésion mais un plébiscite à Sarkozy. Nous, nous sommes un parti pluraliste: les nouveaux membres auront la liberté de choisir qui ils veulent pour 2007. Plus nous serons nombreux, plus l'autorité morale du candidat désigné sera renforcée.»[33]

Pour J. Lang, cette ouverture du parti dissimule des dispositions tactiques: il compte en effet se présenter pour la candidature.[34] Populaire dans l'opinion publique, mais bénéficiant de peu de soutiens d'adhérents en interne, il sait ne pouvoir l'emporter sans faire entrer dans le parti de nouveaux adhérents, qui, il l'espère, lui seront favorables.

---

33 LANG Jack, Propos recueillis par Philippe Martinat. «Oui aux adhésions par Internet», *Le Parisien*, 20. 12. 2005, http://www.leparisien.fr/politique/oui-aux-adhesions-par-internet-20-12-2005-2006581655.php (consulté le 15. 1. 2016).
34 Jack Lang déclarera lors du Journal télévisé de TF1, le 2. 10. 2006, ne pas se présenter aux primaires socialistes internes.

Lancée le 9 mars 2006 (et s'arrêtant le 1er juin),[35] cette campagne d'adhésion est assortie d'une campagne de communication afin de faire connaître aux citoyens cette initiative à faible coût – matériel, mais aussi symbolique (plus besoin de se déplacer à une permanence du parti pour prendre sa carte, un clic suffit) – si bien que certains médias la qualifient de *low-cost*.[36] Sur la Toile, certains adhérents font connaître *via* leurs blogs cette adhésion «pas chère» pour voter aux primaires socialistes et éviter ainsi la désignation des «vieux barons de la gauche» (figure 1). L'adhésion à 20 euros est également possible par voie postale et par téléphone, mais la nouveauté de la possibilité d'adhérer en ligne l'a résumé, dans l'esprit des militants, à une adhésion par Internet: ainsi, les adhérents à 20 euros sont aussi souvent appelés «adhérents-Internet».

Le faible coût de l'adhésion engendre un débat interne au parti pour décider si ces «adhérents à 20 euros» allaient être des *vrais* adhérents et s'ils allaient avoir les mêmes droits que les autres. Le faible investissement supposé de ces adhérents «hors sol» est dénoncé par plusieurs responsables socialistes, notamment les proches de Laurent Fabius, comme Henri Weber:

«Le PS est-il en train de changer de nature? Va-t-il devenir un parti de supporteurs, ayant acquis pour 20 euros le droit de désigner tous les cinq ans, le ou la candidat(e) socialiste à l'élection présidentielle, sans autre implication ni obligation? [...] Le risque existe que cohabitent au sein du PS deux catégories d'adhérents: les militants actifs à l'ancienne, intégrés à un collectif politique de base – la section de localité ou d'entreprise –, assumant le travail politique quotidien; et les adhérents individuels, socialistes ‹hors sol›, détenteurs de droits de vote et supporteurs dans les campagnes électorales. Ce risque est d'autant plus réel qu'il est de bon ton aujourd'hui de sonner le glas du parti de militants.»[37]

Cette discussion pose les jalons des tensions au PS, entre la volonté d'ouvrir le parti et celle de maintenir la répartition des courants politiques. Le PS déclare avoir enregistré plus de 75'000 demandes d'adhésion dont 55'000 avaient été concrétisées avant l'été. Cette arrivée massive de nouveaux adhérents, dans un parti qui en comptait auparavant 120'000, modifie les équilibres internes. Le succès de S. Royal lors des primaires internes – qui l'emporte à plus de 61% (dont les deux tiers proviennent de nouveaux adhérents) – illustre le déséquilibre opéré sur la répartition des

---

35 Le choix de cette date atteste bien de l'utilité de l'ouverture du PS, qui a été pensé en vue du vote des primaires. Le 1er juin correspond en effet à la date-butoir pour avoir le droit de participer aux scrutins internes au PS, six mois avant la désignation du candidat à l'élection présidentielle.
36 «L'adhésion à un parti politique», *L'Express*, 1.7.2008, http://lexpansion.lexpress.fr/economie/l-adhesion-a-un-parti-politique_161200.html (consulté le 15.1.2016).
37 Tribune d'Henri Weber, *Le Monde*, 22.8.2006, http://www.henriweber.fr/presse.php?presse_article_id=86&presse_articleoffset=18&photo=o (consulté le 15.1.2016).

adhérents au sein des courants. L'afflux de ces 75'000 nouveaux adhérents vient brouiller les calculs partisans. Certains diront même par la suite que S. Royal n'était pas la candidate du parti, au sens où elle a été élue *via* le vote des adhérents à 20 euros. Cette vague massive d'adhésion a surpris les dirigeants socialistes qui ne s'attendaient pas à un tel bouleversement de la compétition interne.

Ces nouveaux militants «hors sol», reconfigurant les stratégies internes, n'ont pas été forcément bien accueillis lorsqu'ils se rendaient dans leur section (et tentaient de «revenir dans le sol») puisque ils sont accusés de diluer l'identité militante et de remettre en cause le modèle génétique du parti.[38] L'ouverture des adhésions est pensée comme un moyen d'améliorer la visibilité du parti et de coller davantage aux «attentes» de «l'électorat de gauche», mais elle entre en confrontation avec les intérêts et les équilibres internes. La faible participation des adhérents à 20 euros lors des investitures pour les élections municipales et lors du Congrès de Reims[39] atteste bien d'une intégration difficile dans les rangs du PS.[40] Ces déçus n'ont d'ailleurs pas pour la plupart renouvelé leur adhésion.[41] Le rôle de la socialisation militante ne peut être négligé dans l'intégration des adhérents au sein de l'institution partisane.[42]

Préparer 2012 avec le développement de réseaux sociaux partisans

Dans la perspective de l'élection présidentielle de 2012 et après un référendum militant le 1er octobre 2009, un texte intitulé *La rénovation* a été soumis au vote du conseil national socialiste le 8 juin 2010 et adopté le 3 juillet 2010 lors d'une «convention nationale sur la rénovation» s'appuyant sur un rapport produit par A. Montebourg et O. Ferrand à destination de la première secrétaire Martine Aubry. Un des éléments les plus marquants de cette convention a été la décision de mettre en place des primaires ouvertes pour choisir le candidat à l'élection présidentielle de 2012. Là encore, la période des précampagnes semble être mise à l'honneur avec la mise en

---

38 LEFEBVRE Rémi, «Le militantisme socialiste n'est plus ce qu'il n'a jamais été», *Politix*, 102 (2013), 7–33.
39 Le vote sur le projet socialiste n'a mobilisé que 50% des 220'000 inscrits.
40 Les nouveaux adhérents n'ont donc pas été sollicités pour prendre part à l'activité militante après l'échec de S. Royal à l'élection présidentielle de 2007. Quelques-uns ont été captés par le mouvement des courants et ainsi été intégrés au jeu socialiste interne.
41 «Les 20 euros quittent le navire», *Libération*, 22. 10. 2007, http://www.liberation.fr/evenement/2007/10/22/les-20-euros-quittent-le-navire-ps_104347 (consulté le 15. 1. 2016; «Les déçus du PS ont le sentiment de ne pas avoir été entendu», *La Croix*, 15. 10. 2008, http://www.la-croix.com/Actualite/France/Les-decus-du-PS-ont-le-sentiment-de-ne-pas-avoir-ete-entendus-_NG_-2008-10-15-678763 (consulté le 15. 1. 2016).
42 SAWICKI Frederic, «Les temps de l'engagement», in: LAGROYE Jacques (dir.), *La politisation*, Paris 2003, 123–146.

place de ces primaires ouvertes. Inspiré des exemples italiens et américains, le dispositif vise à renforcer la légitimité du candidat socialiste en donnant la possibilité aux sympathisants,[43] en plus des adhérents, de venir voter pour un des candidats à l'investiture. L'exercice illustre la volonté «d'ouvrir» le parti et d'aller à la rencontre des Français de gauche nonadhérents.

La mise en place du réseau social socialiste, la *Coopol*[44] (ou *Coopérative politique*),[45] lancé le 12 janvier 2010, s'inscrit aussi dans cette démarche d'ouverture puisque tous les sympathisants de gauche peuvent s'y inscrire et prendre part aux discussions militantes. Il s'agit aussi d'avoir un temps d'avance dans la préparation de la campagne présidentielle de 2012: lancer une telle plateforme d'organisation militante en 2010 donne la possibilité aux adhérents de s'approprier son fonctionnement pour 2012. Selon sa présentation officielle, «c'est un outil qui permet une meilleure organisation pour les militants, c'est-à-dire qu'on leur permet d'échanger entre eux, de porter entre eux des actions, des manifestations, des groupes de travail, des groupes de réflexion, pas seulement sur leur territoire, mais un peu partout en France».[46]

Une semaine auparavant, l'UMP a également lancé son propre réseau social partisan: les *Créateurs de possibles.* Il faut dire qu'en 2010, nombreux sont les partis qui ont créé leur propre plateforme communautaire: *les Démocrates* pour le Modem,[47] *Think Centre* pour le Nouveau Centre, etc. Créer son réseau social s'inscrit dans une logique de mimétisme, mais aussi dans une approche de contrôle du web. En effet, les partis politiques sont plus à même d'encadrer ce qui se dit en ligne sur un espace de discussion qu'ils ont eux-mêmes élaboré et dont ils peuvent modifier les paramètres techniques, l'architecture et le *design.*

Le numérique n'est pas alors utilisé dans une vision interactive: ces réseaux sociaux partisans sont davantage des vitrines technologiques, des moyens de rendre plus pragmatique le militantisme par l'offre d'actions que

---

43 ABÉLÈS Marc, «Les primaires ou le triomphe du sympathisant», *Libération*, 2. 7. 2009.
44 *La Coopol,* http://www.lacoopol.fr/presentation (consulté le 28. 9. 2013).
45 Cette référence explicite au vocable coopératif, emprunté à l'économie sociale, se développe de plus en plus afin de s'inscrire dans des formes d'engagement plus «souples». Des expériences similaires dans l'intention et le recours au vocabulaire coopératif peuvent être citées: «VEGA», Verts et gauche à Liège ou *Wisconsin Movement «as a political cooperative governed by its members»* aux Etats-Unis. Mais cette appellation est plutôt stratégique et l'on ne retrouve pas, dans le cas de la Coopol, tous les critères d'un mouvement coopératif: adhésion libre et universelle, démocratie interne, participation économique des membres, autonomie et indépendance, éducation et formation, intercoopération, engagement envers la communauté, etc.
46 Martine Aubry, première secrétaire du PS, le 12 janvier 2010, lors de la présentation de la Coopol à la presse. Voir http://www.dailymotion.com/video/xbu3sq_martine-aubry-presente-la-coopol_news (consulté le 12. 3. 2010).
47 Ce réseau s'assimile à un agrégateur et à un producteur de contenu, plus qu'à un espace de discussion ou de mobilisation. L'objectif est d'occuper le web, de faire circuler les idées et de les diffuser au plus grand nombre.

des espaces d'échange. Cette approche de contrôle du réseau a conduit à son échec. Celui créé par l'UMP a dû fermer avant même la campagne. Le propos rétrospectif du directeur de la campagne numérique de N. Sarkozy est sévère: «C'est nul ça [les *Créateurs de possibles*]... C'est complétement bidon ça, ça a été un échec cuisant, c'est fermé d'ailleurs depuis [...].»[48] Du côté socialiste, un des responsables de la campagne en ligne de F. Hollande explicite les raisons de l'échec de ces réseaux:

«Moi, j'avais écrit très tôt, dès la sortie de la Coopol en 2010, que ça ne fonctionnerait pas. Donc voilà, parce que simplement il y avait une erreur fondamentale au début qui était de ne pas comprendre qu'il faut aller là où les gens sont et pas essayer de les faire venir sur un réseau de plus. Donc j'avais dit à l'époque, j'avais écrit un article: ‹Attention, le danger aujourd'hui, il est pour le Parti socialiste d'avoir une présence forte sur Facebook et sur Twitter qui monte, de ne pas créer un réseau fermé où on va essayer... Où on va s'échiner et s'épuiser à faire venir les Français.› Et l'UMP a fait la même erreur. Tous les partis ont fait la même erreur à l'époque parce qu'ils ont tous eu ce raisonnement archaïque consistant à dire... Enfin à la fois, ils avaient compris qu'il fallait être sur les réseaux sociaux. Et en même temps, ils étaient emportés par, je dirais, ‹la mentalité archaïque des partis› qui est de dire: ‹Il faut tout contrôler, tout garder et donc on va faire venir les gens chez nous plutôt que s'ouvrir.› Et ça a été un échec. Voilà, les *Créateurs du possible* [sic] se sont cassé la gueule méchamment. La Coopol guère mieux. On a oublié que les Verts, que le Nouveau Centre, le Modem avaient lancé des plateformes qui sont toutes aujourd'hui disparues et qui ont coûté des fortunes.»[49]

Stephen Coleman a travaillé sur l'échec des dispositifs numériques mis en place pour intéresser les jeunes Anglais aux institutions publiques. Selon l'auteur, ce revers s'explique par la conception de la citoyenneté inscrite au cœur de ces dispositifs, qu'il qualifie de «*managed citizenship*». Le dispositif technique propose en effet un encadrement trop rigide qui amène les jeunes citoyens à se retirer de cette expérience, souhaitant un modèle plus libre – désigné dans l'article par «*autonomous citizenship*» – qui valorise la circulation de l'information et la créativité dans la production de contenus.[50] Dans la même optique, le cadrage des réseaux sociaux partisans du PS et de l'UMP a conduit à leur échec.

---

48 Thierry Solère, directeur de la campagne numérique de N. Sarkozy en 2007. Entretien du 16. 6. 2011.
49 Romain Pigenel, responsable du pôle *Influence* au QG de F. Hollande pendant la campagne pour l'élection présidentielle de 2012. Entretien du 11. 10. 2012.
50 COLEMAN Stephen, «Doing IT for Themselves: Management versus Autonomy in Youth E-Citizenship», in: BENNET Lance (éd.), *Civil Life Online. How Media Can Engage Youth*, Cambridge 2008, 189–206, http://mitpress2.mit.edu/books/chapters/0262026341chap9.pdf (consulté le 21. 10. 2014).

A l'UMP, avec les *Créateurs de possibles,* a été proposé un réseau ouvert mettant en avant le débat d'idées citoyen alors que ce parti de gouvernement ne bénéficie pas d'une communauté partisane en ligne, capable d'activer ce réseau pour le faire connaître au grand public. A l'inverse, le PS a mis en place un réseau plus fermé (destiné aux militants et aux sympathisants) qui s'est avéré fortement encadré alors que ce parti possède une forte culture du débat d'idées. Cette inadéquation du cadrage avec la culture partisane a amené les militants à délaisser ces outils qui ne leur correspondaient pas.

L'incorporation d'une culture partisane spécifique et la prise en compte des *imaginaires* associés à Internet jouent un rôle majeur dans l'appropriation de ces outils par les adhérents. Pour qu'ils s'en emparent, ces derniers doivent y retrouver leurs valeurs politiques et leurs visions du numérique: «Les pesanteurs socio-culturelles ne s'évaporent pas par la simple magie des technologies marketing.»[51]

S'inspirer des campagnes américaines afin de légitimer l'efficacité du numérique pour conquérir des voix

La période des précampagnes est donc bel et bien un moment d'expérimentations des innovations numériques, souvent inspirées des dispositifs américains. Ce procédé d'imitation est inscrit dans la culture du web, faite de copier-coller, de «mixe» et de «remixe»[52] et dépasse les frontières nationales.

La campagne numérique de B. Obama en 2008 a été érigée en modèle par les experts politiques du numérique européens. En effet, elle a marqué un tournant dans l'usage du web en politique, en réalisant la promesse du démocrate Howard Dean, pionnier dans le domaine, qui influence la réflexion de son parti dès 2004, au lendemain de la défaite de John Kerry face à George W. Bush. Dans sa perspective, l'usage du numérique permet de recruter et organiser massivement les sympathisants grâce à Internet pour les envoyer, de manière coordonnée, militer sur le terrain. Dans les campagnes traditionnelles, pour participer, il faut se rendre à la section/ circonscription rattachée à son domicile ou prendre contact avec le siège de campagne. Cela nécessite un tel investissement que de nombreux «supporters» y renoncent. La stratégie de la campagne de B. Obama renverse la logique: il ne faut pas attendre que les sympathisants viennent à

---

51 HAEGEL (voir note 12), 236.
52 «Ce qui est certain c'est que sur Internet on passe son temps à copier, à mixer, à reprendre des choses qui sont faites. On a une culture du mixe et du remixe qui est très élevée.» Benoît Thieulin, directeur de l'agence web *Netscouade* et directeur de la campagne numérique de S. Royal pour l'élection présidentielle de 2007. Entretien du 29. 2. 2012.

la campagne, il faut aller aux sympathisants – *go where the people are*. Les réseaux numériques (BlackPlanet, AsianAve, MyBatanga ou MiGente) accordent ainsi une place majeure au recrutement de volontaires. Imprégnée de la littérature académique sur le sujet,[53] la campagne web de B. Obama a ainsi su articuler envois massifs de courriels ciblés et investissements sur les réseaux sociaux pour mobiliser le camp Démocrate et les électeurs potentiels du candidat jusqu'aux abstentionnistes.

Perçue comme une réussite, la campagne numérique américaine de B. Obama a inspiré les partis politiques européens. Sur le terrain anglais, Rachel Gibson a déjà montré l'influence de la campagne américaine sur les élections législatives de 2010, en introduisant un volet de mobilisation en ligne à travers une conception plus ouverte du parti.[54] En France, dans la perspective de l'élection présidentielle de 2012, le *think tank* socialiste *Terra Nova*[55] a par exemple élaboré des recommandations pour le PS visant à importer des techniques testées lors de la campagne de B. Obama (et notamment la nécessité d'«investir dans une épine dorsale numérique»):[56] «La France peut et doit tirer les meilleures pratiques des innovations américaines.»[57] A la suite de ce rapport et de l'essai *Pour une primaire à la française*,[58] un séminaire d'étude a été organisé à Washington auprès des équipes de B. Obama et du *Center for American Progress* avec la direction du PS.

Revendiquer l'influence américaine fait partie de la mise en scène d'une campagne, de l'histoire qui est racontée autour de cet événement: «Les stratèges de l'équipe web d'Obama sont venus nous conseiller.» Cela donne une image de modernité. Avoir recours à des *«campaigners»*[59] engagés

---

53 Beth Noveck, professeur de droit à New York, a publié des travaux académiques sur l'*open-government* et a pu ainsi faire bénéficier de sa vision académique l'équipe de campagne de B. Obama en 2008, dont elle faisait partie. Se référer pour ses écrits académiques à NOVECK Beth, *Wiki Governement. How Technology can make governement better, democracy stronger and citizens powerful*, Washington, 2009.

54 GIBSON Rachel, «Party change, social media and the rise of ‹citizen-initiated› campaigning», *Party Politics*, 2013, https://www.escholar.manchester.ac.uk/api/datastream?publicationPid=uk-ac-man-scw:206752&datastreamId=POST-PEER-REVIEW-PUBLISHERS.PDF (consulté le 5. 6. 2016).

55 Créée en mai 2008, par O. Ferrand, *Terra Nova* se veut le porte-parole d'une gauche «moderne» et «réformiste». L'objectif déclaré est clair: «Participer à la rénovation de la matrice idéologique de la gauche en y travaillant de manière concrète et en apportant de nouvelles propositions de politiques publiques au débat.» Romain Prudent, secrétaire général de *Terra Nova*. Entretien du 17. 7. 2010.

56 *Moderniser la vie politique: innovations américaines, leçons pour la France. Rapport de la mission d'étude de Terra Nova sur les techniques de campagne américaines*, Paris 2009, 103, http://www.tnova.fr/sites/default/files/terranova-rapportmissionus.pdf (consulté le 12. 3. 2015). Il s'agit de penser Internet comme un outil de *back office* pour l'organisation de la campagne.

57 *Ibid.*, 102.

58 DUHAMEL Olivier, FERRAND Olivier, *Pour une primaire à la française. Rapport du groupe de travail de* Terra Nova *«Projet Primaire»*, Paris 2008.

59 Il s'agit du terme anglo-saxon employé pour désigner les prestataires externes qui

dans la campagne de B. Obama est une ressource en termes de légitimation pour accentuer le professionnalisme de la campagne numérique de François Hollande. Contrairement à d'autres prestataires, le recours à l'agence américaine Blue State Digital (BSD)[60] a ainsi fortement été mis en avant médiatiquement par le PS. Créé en 2004, BSD s'est formé à la suite de la campagne de Howard Dean et a été l'un des principaux prestataires de la campagne *Démocrate de 2008*. Il s'agit ainsi de mettre en scène médiatiquement l'intérêt porté à l'expertise américaine, considérée comme à la pointe de l'innovation dans le domaine de la communication numérique. Le détour par «l'Etranger» paraît ainsi gage de réussite et de nouveauté: «L'Etranger constitue surtout une ressource de premier ordre dès lors qu'il s'agit de chercher des modèles ou des recettes d'action publique supposées efficaces.»[61]

Même si les stratèges socialistes du numérique se référèrent explicitement au modèle américain, il ne s'agit pas d'une copie exacte. En effet, ce transfert doit inclure les particularités du contexte français: le cadre législatif, la manière de faire campagne, les cultures partisanes, le budget accordé au numérique, les routines internes aux partis politiques, etc.[62] A l'UMP, l'inspiration américaine est aussi effective, mais ses références se font toutefois avec plus de prudence qu'au PS de peur d'être accusé de «copinage» avec B. Obama, comme le souligne le directeur de la campagne en ligne de N. Sarkozy: «C'est le genre de choses sur lesquelles on n'est pas sur un pied d'égalité [avec le PS]. Et moi, me réclamer d'Obama ça aurait été une... Je me serais pris une... Et ça aurait affecté Sarkozy lui-même parce qu'on aurait dit: ‹Il profite de son copinage avec Obama.› Ou alors un journaliste aurait appelé les équipes d'Obama qui auraient dit: ‹Oui, enfin, on aide un petit peu.› Et il aurait dit: ‹Oui, l'équipe d'Obama nie aider Sarkozy et ne prend pas parti.› Enfin bon, ça aurait fait tout un truc.»[63]

---

participent à la campagne électorale en tant que professionnels. Cela regroupe des développeurs, graphistes, infographistes et autres conseillers fonctionnant en *free-lance* et plus ou moins intégrés aux réseaux partisans.

60 Inscrite dans ce mouvement de partage des expertises numériques, cette agence réussit à se faire connaître rapidement, en mettant en avant la pluralité de ses compétences: allant du développement de sites Internet à la gestion de bases de données et fournissant également des conseils stratégiques.

61 FRINAULT Thomas, LE BART Christian, «L'exemplarité de l'étranger», *Revue française de science politique*, 59/4 (2009), 629.

62 THEVIOT Anaïs, «Towards a Standardization of Digital Strategies Mimicking the ‹Obama model›», dossier «Comparing the French and American Presidential Campaigns», *French Politics*, 14/2 (2016), 158–177.

63 Nicolas Princen, directeur de la campagne web de Nicolas Sarkozy. Entretien du 15. 7. 2012.

Conclusion – «Faire croire» à l'innovation

A chaque élection prospèrent les commentaires journalistiques augurant de la victoire de tel candidat, en lien direct avec sa stratégie de communication numérique. Depuis la campagne pour l'élection présidentielle de 2007 marquée par la plateforme *Désirs d'Avenir,* la mobilisation électorale nationale ne peut plus se penser sans le recours à Internet. Cela est devenu un impératif de campagne pour ne pas *paraître* dépassé et, au contraire, afficher la modernité. Les outils techniques utilisés par le parti se reflètent sur l'image de ce dernier: innovant ou ringard.

Les partis politiques sont souvent appréhendés comme de vieilles institutions qui rencontrent des difficultés à répondre aux demandes citoyennes. L'usage intense du numérique est une occasion pour ces organisations de rompre avec ces représentations péjoratives. La précampagne est alors une période propice pour préparer la démonstration de la modernité, tout comme les défaites électorales qui imposent une remise en question interne. Ainsi, les échecs électoraux du PS (1993, 1995, 2002, 2007) ont ouvert des discussions sur sa «refondation», sa «rénovation», sa «modernisation» et Internet est vu comme un vecteur de changement pour réformer le parti.

Le développement des outils numériques se fait donc par à-coups successifs en fonction du calendrier électoral. Cela est particulièrement prégnant pour le rendez-vous de l'élection présidentielle, mais ne se constate guère pour des élections locales qui n'engendrent pas les mêmes investissements financiers permettant des développements technologiques.

L'objectif principal de l'usage du numérique par les partis politiques français est donc de restaurer leur image: *paraître* innovant, à la pointe de la technologie, «être dans le coup». Peu importe que les innovations mises en place soient efficaces ou non, et qu'elles soient effectivement innovantes, l'essentiel est qu'elles soient qualifiées comme telles dans les médias.[64] On l'a vu, certaines innovations comme les réseaux sociaux partisans ont conduit à des échecs, mais ont fait parler du parti médiatiquement lors du lancement de ces outils, en lui accolant une étiquette de modernité. Les innovations proclamées sont d'ailleurs largement trompeuses: elles ne sont souvent que des imitations de ce qui a déjà été testé ailleurs et se coulent dans les pratiques traditionnelles de l'institution partisane. Ainsi, le PS et l'UMP occupent des positions symétriques dans le système politique et ne cessent de se jauger pour s'imiter, notamment dans le secteur des TIC. La numérisation progressive de ces deux partis de gouvernement s'est faite de façon mimétique, chacun observant les innovations de son adversaire

---

64 Les médias sont tournés vers l'évaluation de l'efficacité des dispositifs et participent ainsi à la mise en scène de la concurrence politique.

et des modèles étrangers, et l'adaptant à sa propre culture partisane et à ses ressources internes.

Comprendre en définitive l'institutionnalisation progressive de l'usage du web en politique impose de saisir comment des «croyances» sont mobilisées et diffusées par les auxiliaires politiques du numérique. L'objectif est de construire la promotion médiatique d'une *croyance* en l'innovation afin d'afficher la «modernisation» du parti. Une rhétorique du changement et de la nouveauté est mobilisée par les stratèges du numérique afin de «prendre au jeu»[65] les journalistes, déjà en proie à une certaine fascination pour l'ensemble des dispositifs où la mention «web 2.0» est accolée. La victoire d'Obama en 2008 préside au développement de cette *croyance* et les références régulières à ce modèle dans les discours des stratèges du numérique contribuent à la réactiver auprès des journalistes. S'appuyer sur des pratiques «étrangères», mises en avant médiatiquement comme symboles de réussite, aide à légitimer l'introduction du numérique dans le jeu électoral.

La réelle conversion du PS et de l'UMP à Internet doit peu à un engouement technique et beaucoup à des enjeux de fonctionnement interne. Il s'agit de recruter des adhérents, d'ouvrir le parti afin de répondre à des attentes de nouveaux cadres du parti qui cherchent à rompre les équilibres internes précédents. Tout comme l'ouverture des primaires socialistes aux «adhérents-Internet à 20 euros», les oppositions entre «ancien» et «nouveau» modèle militant dissimulent des enjeux tactiques. Autrement dit, la montée en puissance du numérique est indissociable de luttes symboliques et politiques, contribuant à légitimer certains promoteurs[66] de ces «nouvelles» formes d'engagement.

Anaïs Theviot
Maitresse de conférence rattachée à ARENES (UMR 6051) et à l'Université Catholique de l'Ouest, Anaïs Theviot s'intéresse au militantisme partisan en ligne. Ses travaux analyse l'usage du web par les adhérents, ainsi que les stratégies numériques des partis politiques en période de campagne électorale. Elle est l'auteure de « Faire campagne sur Internet », paru aux Presses de Septentrion en 2018.

---

65 BOURDIEU Pierre, «Le mort saisit le vif», *Actes de la recherche en sciences sociales,* 32 (1980), 7.
66 Ils se posent alors comme des moteurs de la «rénovation».

Limiting, Controlling and Supporting Digital Circulation

The Political and Economic Management of Online Rumours *(yaoyan)* on the Internet in the People's Republic of China

Gianluigi Negro

The paper analyzes three of the strategies of the Chinese government for monitoring online speech. The first analysis examines the implementation of the real name registration system (shimingzhi) aimed at limiting online rumors. The ssecond analysis looks at the strategy that aims to guarantee more accurate control over online content, whilst also limiting the circulation of parodies. The third to be scrutinized is the Chinese government's strategy of hiring people (wumaodang) to comment positively on its actions, increasing the online cacophony.
The goal of this paper is to show the complexity of the Chinese political economy in terms of digital circulation.

The history of the internet in China is interesting from several perspectives. Firstly, China is, since 2008, the most populous country in terms of internet users[1] and it has also experienced the fastest internet development, in terms of infrastructure and services. Some scholars have highlighted the isolation of the Chinese internet from the rest of the world;[2] others how China's internet has succeeded without compromising domestic economic

---

1 CNNIC CHINA INTERNET NETWORK INFORMATION CENTER, BEIJING, "The 21st Statistical report on Internet development in China", Di Erishiyi Ci Zhongguo Hulianwangluo Fazhan Zhuangkuang Jiaocha Tongji Baogao, 24. 1. 2008, http://www.cnnic.net.cn/hlwfzyj/hlwxzbg/200906/P020120709345342042236.rar (accessed on 16. 1. 2017)

2 MACKINNON Rebecca, "China's Censorship 2.0: How companies censor bloggers", First Monday, 14/2 (2009), http://www.firstmonday.dk/ojs/index.php/fm/article/view/2378 (accessed on 16. 1. 2017); TAUBMAN Geoffry, "A not-so World Wide Web: The Internet, China, and the challenges to nondemocratic rule", Political Communication, 15/2 (1998), 255-272; ABBOTT Jason P., "Democracy@internet.asia? The challenges to the emancipatory potential of the net: Lessons from China and Malaysia", Third World Quarterly, 22/1 (2001), 99-114; TSUI Lokman, "The Panopticon as the Antithesis of a Space of Freedom Control and Regulation of the Internet in China", China information, 17/2 (2003), 65-82; KLUVER Randolph, YANG Chen, "The Internet in China: A meta-review of research", The Information Society, 21/4 (2005), 301-308.

development.[3] Other researchers have explored important historical steps and their consequences on economic,[4] political[5] and social levels.[6]

More recently, a meta review of internet studies in China looked at the last 20 years of research.[7] That review highlights that the majority of academic publications focused on technical strategies implemented by the Chinese government in order to limit, obstruct and eventually censor the proliferation of online content considered unharmonious or contradictory of official propaganda. In particular, the review demonstrated how the great majority of academic publications have been focused on the co-evolutionary process between politics and society, and the adaptive practices of the Chinese government related to internet development.[8] This article aims to demonstrate that these two trends find confirmation in three media strategies that are: "guidance of public opinion"; "channeling of public opinion" and "public opinion struggle".[9]

As Qian[10] suggests, there are three main media policies that reflect the adaptive governance of the Chinese authorities related to internet development:

1. *Guidance of public opinion (yulun daoxiang)*. According to this strategy, the "masses needed guidance and resolution for problems of ideological understandings that emerged as a result of interest reshuffling in the midst of reforms" (Jiang 1994);

2. *Channeling of public opinion (yulun yindao)*. This second media strategy was supported by the Hu-Wen leadership and was created in order to "fully understand the social impact of new media, of which the internet is the most representative, and to give high priority to the building, use and management of the internet (Hu 2008). In other words, this second strategy addresses not only the control over but also influence upon discourse power *(Zhanghuo huayuquan)*;

3. *Public opinion struggle (yulun douzheng)*. The third and most recent strategy can be explained by reading a series of commentaries on President Xi Jinping's August 2013 speech on ideology. The main goal of

---

3 TAN Zixiang Alex, FOSTER William, GOODMAN Seymour, "China's state-coordinated Internet infrastructure", Communications of the ACM, 42/6 (1999), 44–52.
4 ZHAO Yuezhi, Communication in China. Political Economy, Power, and Conflict, Lanham (MD) 2008.
5 LAGERKVIST Johan, After the Internet, before Democracy. Competing Norms in Chinese Media and Society, Bern 2010.
6 YANG Guobin, The Power of the Internet in China. Citizen Activism Online, New York 2009.
7 HEROLD David Kurt, DE SETA Gabriele, "Through the Looking Glass: Twenty Years of Chinese Internet Research", The Information Society, 31/1 (2015), 68–82.
8 GOLDSTEIN Avery, YANG Guobin (Eds.), The Internet, Social Media, and a Changing China, Philadelphia 2016.
9 QIAN Gan, "Praising the 'Public Opinion Struggle", China Media Project, 24. 9. 2013, http://cmp.hku.hk/2013/09/24/34085/ (accessed on 16. 1. 2017).
10 Ibid.

this policy has been to consolidate and strengthen mainstream ideology and public opinion.

This article will also analyze three different strategies relating to three different periods of leadership (Jiang Zemin; Hu Jintao – Wen Jiabao; Xi Jinping) in order to investigate the main changes in terms of digital circulation:

1. The anti-rumors campaign: preventing the circulation of online rumors *(yaoyan)* through the implementation of the real name registration system *(shimingzhi)*;

2. The implementation of a game-based system in some social networks in order to monitor online content and also to avoid the spread of harmful content on Chinese platforms;

3. The enhancement of rumors in online discussions supported by the Chinese government, aimed at increasing online cacophony and also limiting the proliferation of credible negative online discussions targeting the government.

The goal of this article is to focus on particular features of Chinese internet content management where the idea of circulation plays a crucial role.

As suggested by Balbi, Delfanti and Magaudda, "digital circulation should not be confined to studies of media and cultural industries. 'Digital' and especially 'digitalization' related processes have constituted critical change in almost all realms of modern everyday life enabling processes involving the circulation of content, meaning, object and technologies, competences and embodied knowledge to be generally reconfigured".[11]

The value of circulation is even more important when bearing in mind the words of Appadurai, who noted that things gain specific values and meanings through a process of circulation between worlds, individuals and social contexts (1986).[12]

As will be confirmed in this article, the politics of digital circulation are the result of a series of power struggles that include regulations developed by political and private spheres especially within the Chinese context.

---

11 BALBI Gabriele, DELFANTI Alessandro, MAGAUDDA Paolo, "Digital Circulation: Media, Materiality, Infrastructures. An Introduction", TECNOSCIENZA. Italian Journal of Science & Technology Studies, 7/1 (2016), 7–16.
12 APPADURAI Arjun, The Social Life of Things. Commodities in Cultural Perspective, Cambridge, 1988.

The real name registration system: preventing online rumors

China, much like other countries, has influenced how rumors spread online. Indeed, online media have significantly contributed to the shift from hearing rumors via word of mouth to reading rumors as online messages.[13] This shift resulted in increased damages to many individuals and organizations, representing a new channel to be regulated, for at least two reasons. First, it is difficult to monitor circulated information on the internet because online communication is normally done on a real-time basis. Second, in the majority of cases, online communication does not have official gatekeepers to verify the information. In most cases, rumors are first published (and eventually shared) by falsified or unverified accounts. Although online rumors are formally defined at the official level, official organs are also paying great attention to their unofficial reception. Indeed, an article appearing in *Seeking the Truth (Qiushi)*, the bimonthly political theory periodical published by the Central Party School of the CCP, stated that "Internet rumors have become very popular and chaotic phenomena which infringe upon people's rights."[14] Moreover, a study published by the Chinese Academy of Social Science on Chinese new media even reported that in 2013 one third of online discussion was based on rumors.[15]

Although online rumors *(yaoyan)* should not be considered a recent issue for the Chinese internet history, the debate on their regulation surged between 2011 and 2012. This was largely in response to the success of Sina Weibo, the most popular microblog platform in China. The campaign against the online rumors and the subsequent implementation of the real name registration system *(shimingzhi)* reflects an example of Chinese political economy coordinated between the Chinese Communist Party (CCP), industry, and civil society. The CCP's coordinated media campaign highlighted the risks caused by online rumors and promoted the implementation of the real name registration system. Sina Weibo[16] thus supported the technical implementation of the real name registration system on its service. Meanwhile, civil society helped create of the anti-rumor league *(piyao lianmeng)*, to support online debate. In other words, it is possible to

---

13 KIM Jong-Hyun, BOCK Gee-Woo, "A Study on the Factors Affecting the Behavior of Spreading Online Rumors: Focusing on the Rumor Recipient's Emotions", PACIS, 98 (2011).
14 WANG Shi, "Clear up the Atmosphere in Cyberspace (Rang Wangluo Kongjian Qinglang Qilai)", Seeking the Truth (Qiushi), 16. 9. 2013, http://www.qstheory.cn/zxdk/2013/201318/201309/t20130912_270563.htm (accessed on 16. 1. 2017).
15 KIM/BOCK (see note 13).
16 A privately owned company with a notable history of relations with the government, which relations continue to be particularly significant for its success.

note that in this first stage the main task was to use political, private and a section of civil society sectors to block the circulation of online rumors.

Guidance through traditional media

Official traditional media in China is entirely managed by the CCP. This includes the CPP newspaper *People's Daily,* the press agency *Xinhua* and the national television CCTV. These outlets initially supported the first wave of criticism against the spread of online rumors. For instance, an article published by *People's Daily* in December 2012 provided a comparison of the Chinese and international situation with an article titled: "Internet supervision according to international practice" *(Yifa Jianguan Hulianwang Shi Guoguanli).*[17] The publication of this article was particularly important because it highlighted the necessity t.for avoiding anonymity on on the internet – not only as a Chinese priority but also as a European issue. The article referred to a proposal for public comment provided by the Norwegian Ministry of Justice, in December 2012, recommending that that country's criminal code be changed to incorporate a new definition of public space and public action, which would include the internet. This would allow severe punishment of anyone publishing hate speech, regardless of the medium. Lastly, the article analyzed real name registration system standards implemented in other countries such as the USA, Germany, Singapore and Thailand. This therefore highlighted the importance of cyber security in guaranteeing the security of internet users, and avoiding terrorist attacks, racism and religious discrimination for the country as a whole. In other words, the editorial promoted the idea that the internet should be considered a public space and explored the feasibility of online registration for increased internet security.

This real name registration strategy shows the clear implementation of vertical control over online content and is linked to the first policy phase, "guidance of public opinion *(yulun daoxiang)*". Vertical control involves the CCP providing clear directives to media companies through a top-down decision making process in which Chinese internet users are supposed to play a passive role. Both media and Chinese internet companies are thereby asked to "guide public opinion through intermediaries, so as to lead, rather than be led, in their interactions with netiziens".[18] It is important to highlight that the expression, *"yulun daoxiang"*, was coined after the crackdown on demonstrators in Beijing on June 4, 1989. It was used again

---

17 "Internet supervision in accordance with the international practice (Yifa Jianguan Hulianwang Shi Geguo Guailie)", People's Daily, 19. 12. 2012, http://it.people.com.cn/n/2012/1219/c1009-19939250.html (accessed on 21. 1. 2017).
18 HEROLD/DE SETA (see note 7), 68–82.

several times during the following decade by the former General Secretary of the Communist Party of China, Jiang Zemin. President Jiang emphasized that "control of news and public opinion had to be placed firmly in the hand of those who had a deep respect for Marxism, for the Party and for the people. Those units responsible for news and public opinion must place firm and correct political bearings above all other priorities, thereby upholding correct guidance of public opinion."[19] This policy was also used by President Hu Jintao, the successor of Jiang Zemin, confirming a clear historical continuity.

The role of the private sector

An additional crucial point for the anti-rumors campaign was the direct involvement of Sina Weibo, the most popular microblog platform in China, and three Beijing government agencies. Before the official national implementation of the real name registration system, the Beijing Public Security Bureau, the Communication Administration and Internet Communication Office and the Internet Information Office, together with the Beijing Government Press Office, jointly published new rules. The rules required that users of Chinese microblogging platform services provide their identities when registering their accounts; namely, web users had to register with authentic identities when applying for microblog IDs, which would then enable them to write, publish and share posts. However, real name registration did not ask web users to provide IDs in order to browse and read posts. As reported by an editorial on *Xinhua*[20] some months later: the main aim was to avoid the circulation of illegal content on the internet, including state secrets that could damage national interests and security, ethnic forms of hostility and discrimination, and content that could jeopardize social order.

Under these circumstances, Sina Weibo played an active role in raising awareness of the real name registration system among its users. Indeed, Sina Weibo designers and developers actively tried to increase the awareness of its users on this issue. Firstly, the microblog homepage emphasized the dedicated "real name" feature, and aimed at getting all users to register. The web page also featured a counter showing how many users had registered using their real identity. Last but not least, a Sina Weibo moderator account posted a message online presenting the "Sina Weibo Community Convention (trial)"; the "Community Management Regulations (trial)", and the "Community Committee System (trial)" highlighting that "order is

---

19 President Jiang Zemin quoted in CHAN Joseph, "Democracy and Meritocracy: Toward a Confucian Perspective", Journal of Chinese Philosophy, 34/2 (2007), 179–193.
20 "Beijing requires real name in microblog registration", Xinhua, 16. 12. 2016, http://news.xinhuanet.com/english/china/2011-12/16/c_131310381.htm (accessed on 20. 1. 2017).

something that we all must work together to maintain".[21] [22] Moreover, the company released a poll on the feeling of its users toward the real name registration policy a few weeks before the deadline imposed by the three Beijing government agencies. The results of the poll were not very positive: more than 77% of users were against the real name rules while only 12% were in favor of them. Sina Weibo also changed the default login credential from an email address to a phone number, although users could still register with an email address if they chose to do so by clicking on a specific link. Sina Weibo was required to do this despite the reticence of its users because this new system would have facilitated the implementation of the real name registration system at the national level tied to mobile phone numbers or ID numbers. The expected goal of the microblog platform was to reach 60% verified registered users of Weibo microbloggers by March 16th 2012.[23] However, on March 15th, 2012, this result was far from being reached. This was demonstrated by the same official Sina Weibo counter, which opened on December 2012 to publicize the "real name" feature and, according to Sina Weibo managers, was expected to count 300 million verified registered users by the end of March 2013. According to the data provided by the same counter Sina Weibo reached only 19 million verified registered users by mid-March 2013.[24] Hence, even after a second upgrade, Sina Weibo is still far from achieving the goal of 60% of verified registered users presented in March 2012. In order to attract more users and increase its market share, the company must offer easy access and user-friendly registration systems; however, they also must be reactive and assertive with regard to the government agencies' requests and regulations.

Guiding public opinion through a grass roots approach

Although the implementation of the real name registration system was effectively a failure, it is nevertheless interesting because it confirms an important characteristic of the "guiding public opinion" strategy. Indeed, spontaneous movements and their use of new media played a quite relevant role. Discontent with the circulation of online rumors was not limited

---

21 RUDOLPH Josh, "Sina Weibo New Rules", China Digital Times, 9. 5. 2012, http://chinadigitaltimes.net/2012/05/sina-weibos-new-rules/ (accessed on 20. 1. 2017).
22 The complete list of the rules is accessible at http://service.account.weibo.com/roles/gongyue.
23 "China's Sina Sees 60% of Weibo Users Verified by Deadline", Reuters, 12. 3. 2012, http://www.reuters.com/article/sina-weibo-idUSL4E8EC11B20120312 (accessed on 20. 1. 2017).
24 MILLWARD Steven, "Sina Weibo Allows 'Real Name' Registration Via SMS, Can be Cheated", Tech In Asia, 14. 3. 2012, https://www.techinasia.com/sina-weibo-sms-real-name-registration (accessed on 20. 1. 2017).

to the governmental level, it was also shared and actively supported by the "anti-rumors league" *(piyao lianmeng)*: a spontaneous group of online rumor busters that presented themselves "as truth seeking vigilantes out to identity and neutralize untruths in China's burgeoning microblog sphere".[25] Presently, the informal group has more than 70,000 followers and has posted 200 messages.[26]

In August 2010, an article by the Chinese editorialist Yang Jian was published in the *People's Daily,* praising the activities of the anti-rumors league. In his article, Yang recognized how "in less than three months the 'anti-rumors league' had touched the key points of new media".[27] According to the editorialist, the establishment of the league was also useful in the debate about how microblog platforms should be used, asking whether they should be considered real media or voices from the street. Yang also raised further questions such as "is it possible to demand the same standards guaranteed by traditional media? Could rumors spread on microblogs not uncover the limits of traditional media with negative consequences also for their future existence?" The editorialist also specified that microblog platforms differ from other mass means of communication, with their [at the time] more than 195 million users they have become the primary source of information for other media. He pointed out that "in these circumstances, it is important to question which ethical principles microblogs are based on". Afterwards the journalist advocated: "media professionals must take heed of the news spread through microblogs and users are called on to look for the truth on these platforms [...] Activities like those proposed by the anti-rumor league are a good way of promoting the self-purification of public opinion and of supporting rational expression and people-organized participation. The league is the expression of the sense of citizens' social responsibility."[28]

It is also true that some scholars and observers doubted the actual spontaneity of the league, criticizing how Dou Hanzhang, one of the founders of the group, labeled himself as someone who "speaks on behalf of the government". This approach led to overlooking the proper relationship between rumors and lies, targeting popular rumor but avoiding official rumors. It is unclear, however, whether these were active attempts at cover ups or passive neglect.[29]

---

25 BANDURSKI, David, "China tackles the messy world of microblogs", China Media Project, 8. 11. 2011, http://cmp.hku.hk/2011/08/11/14706/ (accessed on 20. 1. 2016).
26 The Anti-rumor League Sina Weibo Microblog Account http://www.weibo.com/piyaolianmeng?is_all=1 accessed on 20. 1. 2017).
27 YANG Jian, "How is it Possible to Deny Rumors in the Microblog Era? (Weibo Shidai Women Zenmeyang Piyao?)", Renminwang, 10. 8. 2011, http://news.sina.com.cn/pl/2011-08-10/073822965891.shtml (accessed on 20. 1. 2017).
28 Ibid.
29 HU Yong, "Are Rumors Really so Bad?", China Media Project, 27. 8. 2013, http://cmp.hku.hk/2013/08/27/33907/ (accessed on 20. 1. 2017).

The failure of the anti-rumors campaign reached its pinnacle in March of 2012. At that time, both Sina Weibo and Tencent Weibo were forced to suspend their comments sections after a plethora of rumors were published about a coup in Beijing organized by allies of a deposed former member of the central Politburo of the Chinese Communist Party. At that time, a report from Xinhua stated that the Chinese authorities closed 16 websites and detained six people responsible for devising or circulating rumors online.[30] The report also detailed that the State Internet Information Office spokesperson had announced that both Sina Weibo and Tencent Weibo were penalized accordingly. It was the first time in the history of Chinese microblogging that such measures were implemented. In March 2012, Chinese Criminal Law authorized criminal punishment for the release of any false information that disturbed the public order online.[31] Afterwards, it was understood that the punishment consisted of a three-day suspension from commenting on microblog platforms.[32] The decision to suspend the publication of comments was not a complete block of the service, as microblog users were still allowed to make original posts and repost those of others. However, curtailment of online rumors matched the Chinese policy "guidance of public opinion", not only through the formulation of specific rules imposed by the government on the microblog companies, but also through directives that led to blocking specific online services. In September 2015, China's Supreme Court issued a law according to which any libelous post or online messages would be considered "severe" breaches of the law if they were visited or accessed more than 5000 times or reposted more than 500 times.[33] The guilty could be sentenced up to three years in jail.

Nevertheless, the experience of the *anti-rumors* campaign is important because it confirmed that the Chinese government needed to shift away from its management of online rumors. Their new policy was a change from a vertical approach to monitoring and censorship represented by the "guidance of public opinion" *(yulun daoxiang)* strategy to a more horizontal

---

30 CHAO Loretta, "Sina, Tencent Shut Down Commenting on Microblogs", Wall Street Journal, 31. 3. 2012, http://online.wsj.com/article/SB10001424052702303816504577314400064661814.html (accessed on 20. 1. 2017)
31 At the present stage online rumors in the People's Republic of China are regulated by a provision to article 291 (1) of the Criminal Law (Criminal Law Amendment Act [9]) according to which whoever "fabricates or deliberately spreads on media, including on the Internet, false information regarding dangerous situations, the spread of diseases, disasters and police information, and who seriously disturb social order" would face prison sentences – with a maximum of seven years for those whose rumors result in "serious consequences."
32 Ibid.
33 China Court (Zhongguo Fayuan Wang), An explanation on issues of how to use the law to deal with those using information from the Internet to implement defamation and other criminal cases (Guanyu banli liyong xinxi wangluo shishi feibang deng xingshi anjian shiyong falü ruogan wenti de jieshi), 6. 9. 2013, http://www.chinacourt.org/law/detail/2013/09/id/146710.shtml (accessed on 20. 1. 2017).

strategy of "channeling of public opinion" *(yulun yindao)*. The necessity for this new strategy came from the role of new media. The growth of the new media sector and spontaneous groups represented a clear trend. The decision to block the circulation of comments on the microblog platforms confirmed one more time the failure of the real name registration system.

The next section of this article will explore the "channeling public opinion" policy, explaining how the Chinese government influenced the implementation of features on online services in order to limit online political gossip.

Let Chinese internet users play online

The second strategy used by the Chinese government to limit the circulation of online rumors and to safeguard "harmonious" *(hexie)* online spaces consisted of the implementation of gaming systems on web 2.0 platforms. The expression "harmonious society" *(hexie shehui)* is a concept that was (re)introduced by the former President Hu Jintao and was designed at supporting the People's Republic of China's economic and social development. The importance of this concept was demonstrated by its being incorporated within the Chinese government's 11th five year plan (2006–2010) and even into the constitution of the Chinese Communist Party in 2005 and 2007.[34] Hu's political strategy mainly aimed to manage and limit social disparities and conflicts coming from rapid economic development in China. Moreover, according to the Hu's words, a harmonious society is "democratic and ruled by law, fair and just, trustworthy and fraternal, full of vitality, stable and orderly, and maintains harmony between man and nature".[35] Firstly, it is important to point out that one of the key elements for the success of Chinese internet companies was taking on an active role in terms of monitoring and eventually censoring harmful online content, that is content considered not in line with a harmonious development of the Chinese society and against Chinese laws. An important theoretic analysis of this was provided by MacKinnon with her framework of "censorship 2.0", according to which managers and employees of internet companies – both domestic and foreign – were expected to do their part in preventing China's online discourse from getting out of hand.[36] In particular, authorities had created a system of regulations and obligatory "self-discipline" pledges in the hope of compelling web companies to keep

---

34 CHAN Kim Man, "Harmonious society", in: International Encyclopedia of Civil Society, New York 2010, 821–825
35 HU Angang, "Envisaging China's Grand Strategy: The Ambitious Goal of a Prosperous People and a Powerful Nation", Social Sciences in China. English Edition, 26/4 (2005), 87.
36 See note 2, MACKINNON Rebecca.

Fig. 1: Set of status for Sina Weibo verified account.

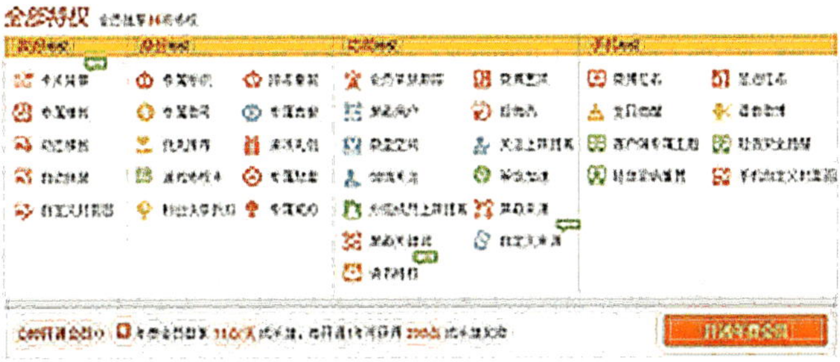

Fig. 2: Set of VIP status on Sina Weibo.

user-generated content from going beyond specific limits. One of the most interesting cases occurred in July 2011 and involved the former General Secretary of the Communist Party Jiang Zemin. Some unidentified Chinese internet users noted Jiang's absence from celebrations of the 90th anniversary of the Communist Party some days before, and used this as a pretext to spread news according to which former president Jiang was dead or seriously ill. As the rumor began to circulate on Sina Weibo, both the surname 'Jiang' and the word 'jiang' (river) could no longer be searched for online; and the only result displayed was "search results are not shown in application of laws and policies". The attempt to limit the rumors about Jiang Zemin's death led Sina Weibo to remove even one of the most humorous references to Jiang: an empty set of clothes hanging up, with the trousers hitched up because of the Chinese leader's high waistline. And although two Hong Kong television stations reported that Jiang Zemin had died, quoting unverified sources, Sina Weibo blocked searches regarding 'myocardial infarction', 'hung' (a euphemism for death) and '301 Hospital' a reference to the medical facility that treats top leaders.[37]

---

37 LARSON Christina, "The People's Republic of Rumors", Foreign Policy, 8. 7. 2011, http://www.christina-larson.com/the-peoples-republic-of-rumors/ (accessed on 20. 1. 2017).

Not only were rumors about Jiang's death denied, he was also given a high profile in the media for the three weeks running up to the 18th Communist Party Congress. The South China Morning Post also reported that Jiang's appearance coincided with his renewed involvement in key party decisions. Meanwhile, the online rumors' debate was becoming increasingly heated in the official media.[38]

This new mid-level companies strategy also showed that while government regulatory bodies issued directives to companies about what kinds of content should be controlled, the finer details of implementation were left to the companies.

Over the years, some Chinese companies decided to pursue another strategy intended to limit the proliferation of political communication online, and did so by generating an increase in online entertainment. This trend was foreseen by others: Guo and colleagues previously commented that the internet in China "rather than being an information highway, is more like an entertainment highway".[39] At the time there was evidence to demonstrate that most Chinese users were more interested in entertainment online, not hard news or serious political discussion. This trend was particularly visible through the success of Sina Weibo. It is safe to say that Sina Weibo concretely implemented the "politics of aesthetics"[40] in order to let the Chinese party-state manipulate the platform itself as well as stifle political communication and, in more general terms, dissent and activism.[41]

One interesting example is provided by Benny who notes how new users who subscribe for their first time on Sina Weibo are asked to select one or more "interests" before to getting access to the service. This choice is crucial because users are obliged to follow a particular set of Sina Weibo users. Moreover, as Benny confirms, it should not be considered a coincidence that the majority of "interests" are based on consumerism

---

38 TAM Fiona, "Jiang Zemin makes second public appearance ahead of power change", South China Morning Post, 21. 10. 2012, http://www.scmp.com/news/china/article/1065973/jiang-zemin-makes-second-public-appearance-ahead-power-change (accessed on 20. 1. 2017).

39 GUO Liang et al., Surveying Internet Usage and Impact in Ffive Chinese Cities (Chinese Academy of Social Sciences. Funded by the Markle Foundation), Beijing 2005; MACKINNON Rebecca, "Flatter World and Thicker Walls? Blogs, Censorship and Civic Discourse in China", Public Choice, 134 (2005), 31–46, http://courses.essex.ac.uk/gv/gv905/W20%20Readings/mackinnon_china_blogging_censorship.pdf (accessed on 20. 1. 2017).

40 RANCIÈRE Jacques, "Literature, Politics, Aesthetics: Approaches to Democratic Disagreement. Interviewed by Solange Guénon and James H. Kavanagh", SubStance, 29/2 (2000), 3–24.

41 BENNEY, Jonathan, "The Aesthetics of Chinese Microblogging: State and Market Control of Weibo", Asiascape. Digital Asia, 1/3 (2014), 169–200.

and entertainment[42] (ibid). Although users can eventually de-follow these interests, the original idea of influencing users' interests still remains.

In more general terms, it has been demonstrated that the majority of Chinese websites and online services are characterized by an "aesthetic of abundance" and a relatively flat hierarchy of information, leading to a complicated selection of information placed on one single page. Other studies have proven that the majority of Chinese design choices were driven by limited resources and unsophisticated design expertise.[43] Nevertheless, other research has focused on the importance of cultural dimensions and their impact on web design choices.[44] However, scholars have highlighted the importance of online aesthetics in marginalizing the role of the state, especially in China.[45] The success of Sina Weibo indicates how particular design choices could influence monitoring activities, thereby avoiding visible surveillance.

Sina Weibo became popular not only because Twitter has not been accessible in China since 2009, but also due to a gradual failure of other domestic microblog platforms that were shut down by the government between 2009 and 2011.[46] Moreover, Sina Weibo was initially supported by the news portal Sina and they heavily invested in the microblog service. Nevertheless, the domestic success of Sina Weibo is not limited to economic reasons, it can also be explained by the support of the Chinese government. Chin and Chow confirmed that the existence of Sina and its microblog service is linked to the requests of the Communist Party; hence, official government visits to Sina's headquarters and recalls for censorship and online security should not be underestimated.[47]

On the one hand, Sina Weibo and all Chinese online services have to invest in their own personnel and software in order to guarantee a circulation of online content which is in line with and not against social stability. On the other hand, Chinese internet companies have to make profits. For this reason, most companies have based their core strategies on entertainment.

In terms of microblogs, Sina Weibo and Twitter have some notable differences. An important difference is linguistic: the 140-character limit to microblog messages uses the Unicode character encoding, meaning

---

42 Ibid.
43 See note 36, MACKINNON Rebecca.
44 HSU Jeffrey, "Chinese cultures and E-commerce", in: THANASANKIT Theerasak (Ed.), E-Commerce and Cultural Values, London 2003, 268–289.
45 See note 39, GUO Liang et al.
46 ZHANG Zhan, NEGRO Gianluigi, "Weibo in China: Understanding its Development through Communication Analysis and Cultural Studies", Communication, Politics & Culture, 46/2 (2013), 199–216.
47 CHIN Josh, CHAO Loretta, "Beijing Communist Party Chief Issues Veiled Warning to Chinese Web Portal", Wall Street Journal, 24. 8. 2011, http://online.wsj.com/article/SB10001424053111904279004576526293276595886.html (accessed on 20. 1. 2017).

that every letter in English is considered as a Chinese "character". This distinction is extremely relevant because in Chinese every "character" is equivalent to an English word. In other words, this means that the use of the Chinese language allows more elaborate discourse in its microblog sphere than using English would.[48]

One of the most original features characterizing the popularization of Chinese online services was the sensational promotion instead of the discursive discussion of social issues.[49] Regarding the aesthetic characteristics of Sina Weibo, some scholars have argued that the Chinese microblog platforms were the result of peculiar decisions,[50] such as instance, the layout and the gamification of the platform.

These trends have been confirmed via interviews with two anonymous editors from Sina Weibo, conducted in 2013 by the present author. The interviews confirmed that Sina Weibo enlisted specific partners during the initial years, such as celebrities in cinema, sports and other fields, paying them for every post. This trend heavily contributed to the popularization of the service; however, compared to Twitter, the growth of Sina Weibo was supported by celebrities. Icons and colors are used with a specific reason in mind, as they are important both in terms of creating a personal identity online and in terms of bottom up surveillance. One confirmation of this comes from the set of icons used to define user's status (confirmed through the real name registration system); user VIP level (see image above) and user's level of credibility.

Another clear example is illustrated by the verification badge assigned to verified accounts (in the case of Sina Weibo, big V or *da V*). On Twitter, the status of verified user is limited to a blue "V" associated with a user's profile picture. Meanwhile, verified Sina Weibo users are strongly encouraged to provide more personal information in order to get privileged access to extra services. The promotion of a system based on the achievement of levels represents a very important part of the gaming approach; the more time users spend on the platform, the more chance they have to increase their status and improve their online reputation. That being said, every user is also asked to be part of a competition to boost his/her online reputation, in order to obtain a more credible status on the platform. At the same level, the promotion of VIP status is considered useful, both for the government and for the company. As Chinese users provide more personal information,

---

48 QI Gao et al., "A Comparative Study of Users' Microblogging Behavior on Sina Weibo and Twitter", in: International Conference on User Modeling, Adaptation, and Personalization, Berlin 2012, 88–101.
49 SULLIVAN Jonathan, "China's Weibo: Is faster different?", New Media & Society, 16/1 (2014), 24–37.
50 TAN Chui Chui, "Chinese Web Design Patterns: How and Why They're Different" (2011).

there can be higher levels of control and monitoring. On the one hand, the privileged access to some Sina Weibo services will let these users easily access specified content; on the other hand, the lack of pseudonyms, and the implementation of real names will facilitate the control of microblog editors. More importantly, the implementation of verified users will support the trend of self-censorship among Chinese users, who will limit their online criticisms.[51]

Compared to Twitter, the Chinese microblog platform integrates emoticons, video clips and pictures. In other words, the Sina Weibo design influences online activities of their users implicitly, with posts being focused on pictures instead of texts. This shows a piloted shift from online written circulation of messages to multimedia ones.

Coming back to the encouragement of new Sina Weibo users to select their interests, it is notable how Sina Weibo users' choices are influenced from the outset by the structure of the platform itself. The entertainment features are furthermore exemplified by the importance given to the levels *(dengji)* one can achieve. The levels are set in terms in terms of the collection of specific badges, profile customization and virtual credits that lead to the creation of specific avatars. This demonstrates that Sina Weibo supports constant interaction with its users based on entertainment and competition among users themselves.

The implementation of the level system is effective and expedient, not only in limiting online discussions and promoting a game competition, but also in feeding a bottom up monitoring system. In May 2012, Sina Weibo introduced a new feature on its platform: a point based system for measuring user behavior.[52] Labeled as "Weibo Credit", the new system encouraged microblog users to report other user's negative comments, harassment and other "non-harmonious" online content. A collection of grassroots reports provided by other users could lead to a lower credit score and potential public humiliation, resulting from that low score and from the potential suspension of one's Weibo account. More specifically, the "Weibo Credit" system is ruled by the following six points:

– *User reports:* all the members participating in the Weibo Credit system are asked to be verified users;

– *Handling of reports:* reports and the eventual assignment of points is left to the Community Committee;

---

51   XU Beina, "Media censorship in China", Council on Foreign Relations, 30. 9. 2014, https://www.files.ethz.ch/isn/177388/Media%20Censorship%20in%20China.pdf (accessed on 23. 1. 2017).
52   CHIN Josh, Censorship 3.0? Sina Weibo's New 'User Credit' Points System, in: Wall Street Journal, 29. 5. 2012, http://blogs.wsj.com/chinarealtime/2012/05/29/censorship-3-0-sina-weibos-new-user-credit-points-system/ (accessed on 23. 1. 2017).

- *Credit calculation:* The system assigns more points for positive and concrete reviews but also deducts credit in case of online misconduct;
- *Credit grades:* credit grades and credit scores are both subject to specific regulations;
- *Low credits:* the profiles of users with a low credit will be visible and marked by a specific "low credit" icon;
- *Credit recovery:* If users with low credit change their online behavior without violating Sina Weibo rules for a fixed period of time, they will have their credit restored and their low credit icon will be dismissed.

The roots of the "Weibo credit" system and the notion of the "harmonious society" are not limited to current economic and political contexts. Indeed both the credit system and, in more general terms, the harmonious society are concepts that share a Confucian background. The role of *guanxi* for instance, is an important way to "contrast the conception of online community as a social network with what has been observed about the social and political lifeworlds of East Asia society".[53] Social rules such as face *(mianzi)* aimed at supporting mutual dependence and trust within a defined network or *guanxi* network (that is the sum of social relations that the individual relies on), play a crucial role in carrying out the "Weibo Credit" system. The concept of "harmonious society" *(hexie shehui)* was inserted in a more complex political background, under President Hu Jintao's leadership, when there was a revival of Confucianism mainly led by the Communist party. This revival was based on specific party concerns for harmony and peace and that were used for propagandistic purposes. According to Rachael Gary, there are three groups of studies that explain the rehabilitation of Confucian values.[54] The first line of thought considers Confucianism as "a conservative reaction against Westernization".[55] In other words, Confucianism is considered a way to fight the "spiritual pollution" of the West.[56] A second line of thinking regards Confucianism as the most appropriate response to the domestic social unrest that started to grow in the mid-2000s. Under these circumstances, recalling Confucian harmony helps support order and stability and counters disaffection amongst the lower strata of society. The last perspective explains a return to Confucianism as a reaction to growing Western liberal democracy. More specifically, harmony and social peace are considered the most useful reactions to

---

53 YUAN Elaine J., "A Culturalist Critique of 'Online Community' in New Media Studies", New Media & Society, 15/5 (2013), 665–679.
54 GARY Rachael, China's Confucian Makeover, Dissertation, University of Puget Sound, Department of Politics and Government, 2012, http://www.pugetsound.edu/files/resources/social-sciences-rachael-gary.pdf (accessed on 23. 1. 2017).
55 Ibid.
56 ZHAO Suisheng, "A State-led Nationalism: The Patriotic Education Campaign in Post-Tiananmen China", Communist and Post-Communist Studies, 31/3 (1998), 287–302.

growing agitation. What emerges from these three perspectives is the pragmatic use of the Confucian value of "harmony" by the CCP, designed to make the idea of "democracy with Chinese characteristic" more credible intellectually. It is important to highlight this concern of the CCP that the idea of Western democracy is not applicable in China, and it is for this reason that a Confucian alterative based on a benevolent state is proposed.

The coordinated implementation of design and gamification aspects of Sina Weibo was part of the "public opinion channeling" *(Yunlun Yindao)* strategy. This effort was launched by the Hu-Wen leadership with an aim to "actively set the agenda".[57] Sina Weibo and the Chinese government cooperated in order to influence Chinese microblog users' online activities, and also to guarantee the bottom up monitoring of activities. According to the plans of the government, the entertainment features of Sina Weibo would have decreased the credibility of the platform itself; making it unlikely to be considered an authoritative source of information. Nevertheless, Sina Weibo not only ranks as a favorite online news source in China[58] but it is also considered by Chinese scholars to be one of the most important online spaces for coordinating online and offline protests related to exceptional events, such as the Wenzhou train collision.[59] Both the Chinese government and companies were obliged to implement a new strategy to influence the circulation of opposing online ideas.

The fifty cents army *(wumaodang)*

The majority of scholars focused on the Chinese internet have observed that the Chinese government has been modifying its strategies of control over the years, largely in response to increased online criticism that is linked to the declining credibly of traditional media. Lagerkvist studied this trend in order to explain how traditional Chinese propaganda has shifted its focus

---

57 The new media policy was launched by Hu Jintao during the two national conferences on ideology held in December 2003 and January 2008. The general idea was not only to further the main goal of the CCP, to educate, guide, inspire and encourage people, but also that the Party's new challenge would be a new strategy oriented more towards "raising the CCP's ability to channel public opinion (tigao yulun yindao nengli) by defending Chinese citizens' cultural interests and respecting different points of view". However, the new strategy also aimed to "fully build the reporting system for sudden breaking public events, reporting authoritative information at the earliest moment possible and enhancing transparency". The role of the Internet was crucial because the strategy was not limited solely to the control of online content but also demanded discourse power (zhangluo huyuquan).
58 ZHANG Y., YANG Y., MENG J., "Micro Blog Leads Revolution in China", China Daily European Weekly, 22. 4. 2011.
59 GUAN Wanqiu et al., "Analyzing User Behavior of the Micro-Blogging Website Sina Weibo during Hot Social Events", Physica A. Statistical Mechanics and its Applications 395 (2014), 340–351.

from ideology to public attention.[60] This trend is particularly remarkable in the case study analyzed in this section.

The third strategy examined in this article is that that has sought to influence online debate through the implementation of online "astroturfing"[61] techniques. On the Chinese internet, such techniques have been exemplified through the establishment of an army of online commentators also known as the "fifty cents army" *(wumaodang)*. These are web commentators – instigated, trained and financed by party organizations with the goal of safeguarding Communist Party interests by infiltrating the online debate.

As with the Sina Weibo credit system, the "fifty cents army" can also be considered a bottom up monitoring strategy. The name of the army is derived from the "fifty cents" *(wumao)* paid for each post in favor of the Chinese government. The experience of the fifty cents army is important, though some scholars have suggested that the Chinese government is not able to effectively limit the circulation of unfavorable online content.[62] Other scholars have argued that it is not the intention of the Chinese government to eliminate all public expression.[63] King, Pan and Roberts[64] empirically confirmed that the real problem for the Chinese government is not general criticism online, but rather that online platforms could support offline collective actions which could compromise social stability.

The history of the fifty cents army began in the early-2000s. According to Watts, in 2004 several provinces in China began recruiting members to join the online army. Around the same time the term "net commentators" appeared for the first time on the official website of Nanjing university.[65] The university established a specific program called the "Work Study Programme", involving student union officers and "people with strong initiatives". The program provided students with subsidies based on a monthly assessment of their work as net commentators, with the main goal of distributing material beneficial to the university, influencing online discussions concerning the Bulletin Board System (BBS)[66] and replying

---

60 LAGERKVIST (see note 5).
61 According to Zhang, Carpenter and Ko "astroturfing occurs when groups of people are hire to present certain beliefs or opinions, which these people do not really possess, through various communication channels". See ZHANG, Jerry, CARPENTER Darrell, KO Myung, Online Astroturfing: A Theoretical Perspective. Proceedings of the Nineteenth Americas Conference on Information Systems, Chicago, Illinois, 15-17. 8. 2013, http://aisel.aisnet.org/amcis2013/HumanComputerInteraction/GeneralPresentations/5/ (accessed on 22. 1. 2017).
62 ESAREY Ashley, QIANG Xiao, "Below the Radar: Political Expression in the Chinese Blogosphere", Asian Survey, 48/5 (2008), 752–772.
63 BARBOZA David, "Billions in Hidden Riches for Family of Chinese Leader", New York Times, 25. 10. 2012.
64 WATTS Jonathan, "China's Secret Internet Police Target Critics with web of Propaganda", The Guardian, 14. 6. 2005.
65 At the time, the most popular platforms for debate online were the Bulletin Board Systems that were heavily used on university campuses (see below footnote).
66 A bulletin board system is a computer server running software that allows users to connect

to negative comments. They were also asked to complete and send specific reports to the Office of School Network Management Directorate experimenting *de facto* the real name registration system. The program of Nanjing University was replicated in other schools, including Suqian, Jiangxu, Quanzhuoi and Fujian.[67]

The role of the fifty cents army was not to stamp out anti-CCP thoughts, but rather to bolster its image on several platforms.[68] It is interesting to note that some Chinese intellectuals, such as the novelist Xia Shang, compared the activities of the fifty cents army to that of the Red Guards, a mass paramilitary social movement mobilized by Mao during the cultural revolution in 1966 and 1967.[69] Historic comparison aside, the most important aspect to highlight is that the strategy of the fifty cents army was aimed at interfering in and bolstering official perspectives in online discussions discussions rather than limiting them.

Fifty cents army commentators operate in a grey zone; for Chinese users, it is not easy to understand whether their activities are affiliated with the government or should be considered spontaneous. Nevertheless, a series of leaked documents collected by Prof. Xiao Qing and his staff at the Berkeley School of Information gives an idea of the organization and the dynamics behind the fifty cents army. For example, in June 2015 a document titled "The Notice of Recommendation of Core Internet Commentators and *ziganwu*"[70] was officially issued by the Sichuan Province education office.[71] This document was addressed to teachers and students and suggested that each public college should employ 50 web commentators from their student body. At the time, there were estimated 3450 commenters representing 81 provincial colleges. Furthermore, the document included a list of recommendations and methods to be followed. The most important recommendations were:

– Be consistent in promoting the awareness of laws and constitution of the CCP as well as the path of the socialism with Chinese characteristics;
– Use convincing political language, demonstrate proper writing abilities and be professional. Aim for high academic and scholastic performance;

---

to the system using a terminal program. This system is still popular in China and had its heaviest usage at the beginning of the 2000s.
67 LEI Ya-Wen, "The Political Consequences of the Rise of the Internet: Political Beliefs and Practices of Chinese Netizens", Political Communication, 28/3 (2011), 291–322.
68 MACKINNON Rebecca, Consent of the Networked. The Worldwide Struggle for Internet Freedom, New York 2013.
69 WONG Patrick, "Local Chinese Authorities Use Internet Slang 'Ziganwu' in Their Propaganda Recruitment", Global Voices, 15. 6. 2015, https://globalvoices.org/2015/06/15/local-chinese-authorities-use-internet-slang-ziganwu-in-their-propaganda-recruitment/ (accessed on 23. 1. 2017).
70 The expression Ziganwu refers to self-motivated Internet commenters.
71 See note 67, LEI Ya-Wen.

– Have a collaborative and good personal character, avoid taking economic advantage of the commentator role by gaining profit for oneself or other organizations;

– Be familiar with the traits of internet communication. Conduct interviews and offer advice and suggestions relating to online public sentiment.

The methods detailed in the document were as follows:

– Guide public opinion and sentiment by writing commentary and conducting interviews;

– Be active on Sina Weibo, We Chat and other platforms;

– Assist the provincial education office in utilizing practical measures of administration, and techniques to promote opinion columns.

It is not possible to conclude whether the fifty cents army was successful. Some Chinese commentators have noted that there are commercial enterprises contracted for specific commenting functions.[72] However, web users have easily spotted this trend because posts for pay have become repetitive and mechanical. Ironically, this trend was criticized by pro-government users stating that paid supportive comments were useless and a waste of money.[73] Furthermore, empirical research has confirmed important limits of the fifty cents army; namely, due to a lack of motivation and the persistence of old propaganda logic, this strategy has been ineffective and sometimes counterproductive.[74]

Both disturbing activities and the association with Red Guards could be linked to the third media strategy presented in this article and proclaimed by Xi Jinping in his August 19 speech on ideology in 2013, which according to the *Global Times,* referred to "public opinion struggle" *(yulun douzheng).*[75] The public opinion struggle strategy aims to increase the level of cacophony on the Chinese blogosphere by increasing the level of cacophony in the Chinese micro blogosphere, thus disturbing the circulation of thoughts against the CCP. Under these circumstances the role of the fifty cents army reminds one of the past role of the Red Guards. In both cases the main goal was to increase the reputation of the CCP by enhancing the official ideology.

The "public opinion struggle" strategy was also analyzed by the Xinhua News Agency chief Li Congjun who confirmed how "the Party must be [confident] and courageous in its positive propaganda, carrying out the

---

72 HAN Rongbin, "Defending the Authoritarian Regime Online: China's 'Voluntary fifty-cent army'", The China Quarterly, 224 (2015), 1006–1025.
73 LINK Perry, "Censoring the News Before it Happens", NYR Blog, 8. 11. 2012, www.nybooks.com/blogs/nyrblog/2013/jul/10/censoring-news-before-happens-china/ (accessed on 23. 1. 2017).
74 See note 70.
75 See QIAN Gang, "Parsing the 'Public opinion struggle'", China Media Project, 26. 9. 2013, http://cmp.hku.hk/2013/09/24/34085/ (accessed on 23. 1. 2017).

public opinion struggle with a clear banner". More importantly, Li pointed out that new media have to be considered "the priority battlefield in the struggle" arguing that "they [new media platforms] have already become the chief battleground in the public opinion struggle, and their importance and status in the overall news and propaganda framework is ever then obvious".[76]

Conclusions

This article has presented three strategies implemented by the Chinese government in order to limit, control and interrupt the circulation of rumors online. The three different strategies are linked to three different media policies in order to show that the online management is not limited to government directives but also involves enterprises, such as the real name registration system or the Sina Weibo "credit system". The creation of the fifty cents army showed how the Chinese government was able to involve public users and promote a system aimed at monitoring and influencing the public debate in which state agencies, private companies and users all play active roles.

The combination of these three strategies confirmed once again the adaptability and the flexibility of the Chinese government in the management of online discourse over time. It remains to be seen if these changes will affect the credibility of the government itself. With respect to this concern, it is possible to find some contradictions in the implementation of the three different strategies. For instance, the implementation of the real name registration system could affect the effectiveness of the activities of the fifty cents army, as it generally operates anonymously. Another problem is represented by the diverging goals of internet companies needing to accomodate both internet users with higher education asking for more online privacy and transparency and the Chinese government still worried about having its position compromised or threatened. Moreover, as this paper shows, negotiations are not limited to the three different layers of government, private sectors and users but they are also quite present inside the three different layers. Lastly, another consideration is that these strategies are not alternative and have been implemented differently and during different periods at central, provincial and local levels.

The processes analyzed in this article are in a constant flux and involve continual negotiations between several actors. From a methodological perspective, it has been argued that topics such as the roles of internet

---

76 See note 9, QIAN Gang.

industries, design and commentators need to be analyzed with more attention in order to explore the articulated development of the Chinese internet management. Following Balbi, Wu and Chen's approach, this article has sought to provide an analysis on the history of the internet in China through a long term perspective, because the "contemporary media landscape and especially the reasons behind choices and strategies are deeply rooted in the past culture, ideas and mentalities".[77] In more general terms, this article aims to provide an analysis of the Chinese experience in terms of control and should not be considered an isolated case. Snowden's revelations on NSA and PRISM programs showed that forms of control have been consistently applied also in western democratic countries. If, on the one hand, as Creemers stated these leaks have to be considered "the gift that keeps on giving for China",[78] on the other hand, China represents an interesting case in which control and domestic economic success coexist. It is safe to argue that this combination might also be appealing outside China's borders.

Gianluigi Negro
is a Sino Swiss Science and Technology Visiting Scholar at the School of Journalism and Communication at Peking University, Post-Doctoral Researcher Fellow and Assistant Editor at the China Media Observatory (CMO) at Università della Svizzera italiana (USI). He is author of *The Internet in China* (Palgrave, 2017) and member of the Global Internet Governance Academic Network (Giga-Net).

---

77 BALBI Gabriele, CHEN Changfeng, WU Jing, "Plea for a (New) Chinese Media History", Interactions. Studies in Communication & Culture, 7/3 (2016), 239–246.
78 Rogier Creemers interview, DENYER Simon, "China's Scary Lesson to the World: Censoring the Internet Works", The Washington Post, 23. 5. 2016, https://www.washingtonpost.com/world/asia_pacific/chinas-scary-lesson-to-the-world-censoring-the-internet-works/2016/05/23/413afe78-fff3-11e5-8bb1-f124a43f84dc_story.html?utm_term=.f45faa15a4a9 (accessed on 31. 1. 2017).

La mémoire kaléidoscopique: l'histoire au prisme des algorithmes d'autocomplétion

Anna Jobin, Olivier Glassey, Stéfanie Prezioso,
Frederic Kaplan

When looking up information online, people encounter algorithmic output not only on the results pages of web search engines: already during the process of typing a query, autocompletion algorithms suggest what to look for. By analyzing such suggestions for search queries related to the First World War this contribution shows how historical information online is constantly recalculated and reconfigured according to different algorithmic logics. Ultimately, autocompletion produces a hybrid form of collective memory that is subtly shaped by both technology and social processes.

Durant les dernières décennies, le web est devenu un lieu fort de la diffusion et de la recherche d'information. Au sein de ces usages du web, les moteurs de recherche occupent une place cardinale. Ils fonctionnent à la fois comme des facilitateurs de recherche mais aussi comme des filtres qui reconfigurent sans cesse, à l'aide d'un système algorithmique puissant, la hiérarchie de ce qui est accessible en ligne. Ce travail des algorithmes qui pondèrent en temps réel des pertinences, agrègent les intérêts des internautes et calculent des proximités sémantiques constitue une part omniprésente mais peu visible du web, influençant la visibilité des contenus en ligne. Structurants mais sans cesse changeants, les algorithmes suscitent un intérêt grandissant, bien que les données empiriques liées à ce qu'ils «produisent» fassent encore largement défaut. Quelles opérations effectuent-ils? De quelle façon l'accès à l'information relative à l'histoire est-elle façonnée par ces dispositifs? Comment ces opérations s'articulent-elles avec les enjeux de mémoire? La présente contribution propose de questionner le regard contemporain porté sur les événements historiques à travers la structuration algorithmique de l'information en ligne d'un moteur de recherche. Il s'agit plus précisément de rendre compte des diverses manières dont les algorithmes d'autocomplétion structurent les contenus à caractère historique en ligne en prenant l'exemple des sujets liés à la Grande Guerre.

L'autocomplétion: algorithmes entre passé et présent

Pour la plupart des gens disposant d'une connexion internet, les moteurs de recherche occupent aujourd'hui un rôle central dans l'accès à l'information en ligne. Loin du modèle du web comme un ensemble de sites interconnectés par des liens hypertextes formant une structure ressemblant au rhizome,[1] le passage prépondérant des internautes par un moteur de recherche pour accéder à l'information confère à ces moteurs le statut important de «gardien» (ou *gatekeeper* en anglais).[2] Ainsi, les grands acteurs du web, tel Google, occupent aujourd'hui un rôle semblable aux médias traditionnels en ceci qu'ils façonnent le rapport du grand public à l'information, que ce façonnage s'opère au niveau des sujets, de leur cadrage ou du mode de consommation de l'information.[3] Puisque la majorité des internautes utilise Google pour rechercher du contenu web, il est pertinent d'étudier comment ce moteur de recherche participe à structurer l'interaction des internautes avec les informations liées au passé et, par conséquent, de s'interroger sur la place des algorithmes de Google dans le rapport du grand public au passé.

L'analyse des résultats associés à une recherche en ligne (listes de sites, collections d'images, de vidéos, etc.) offre *une* manière d'appréhender le type d'opération à l'œuvre dans les moteurs de recherche.[4] Cependant, les algorithmes de Google agissent non seulement dans la production des résultats de recherche, mais également en amont, lorsqu'il s'agit de définir les mots-clés qui donneront lieu à une recherche. En quelques fractions de seconde, et alors que l'internaute est encore en train de formuler sa demande, le moteur lui fait déjà des suggestions, non seulement sur la manière de terminer le mot qu'il est en train de composer, mais également en lui proposant des termes à associer à sa requête pour l'affiner. La fonction nommée «autocomplétion» lie des mots-clés supplémentaires

---

[1] A noter que la forme même de ce modèle a, lui aussi, évolué de l'idée du web comme un réseau plutôt homogène à la représentation d'un ensemble de connexions inégales, formant une structure ressemblant davantage au rhizome, pour reprendre la métaphore de Deleuze et Guattari. Voir DELEUZE Gilles, GUATTARI Félix, Mille plateaux, Paris 1980.

[2] HESS Aaron, «Reconsidering the Rhizome. A Textual Analysis of Web Search Engines as Gatekeepers of the Internet», in: SPINK Amanda, ZIMMER Michael (éds.), Web Search Multidisciplinary Perspectives, Berlin 2010.

[3] BOZDAG Engin, «Bias in Algorithmic Filtering and Personalization», Ethics and Information Technology 15/3 (2013), 209–227.

[4] Les exemples de ce type de recherche sont nombreux, c'est pourquoi nous ne citons ici qu'une étude de recherche empirique (signalée par un des relecteurs) qui va plus loin, en examinant non seulement les résultats de recherche mais également les effets d'une manipulation de ces derniers: EPSTEIN Robert, ROBERTSON Ronald E., «The Search Engine Manipulation Effect (SEME) and its Possible Impact on the Outcomes of Elections», Proceedings of the National Academy of Sciences, 112/33 (2015), E4512–E4521.

aux mots-clés initiaux et fait ainsi la médiation entre l'intention de recherche d'un utilisateur Google et son expression à travers un ensemble de mots-clés.[5]

Lancée en 2004 sous le nom interne de *Google Suggest* pour les utilisateurs intéressés, l'autocomplétion est intégrée comme mode par défaut du champ de recherche quatre ans plus tard. Sur le blog de l'entreprise, Google liste «l'aide pour formuler des recherches» comme première utilité de cette fonction, suivie par «la réduction des fautes d'orthographe» et «l'économie du nombre de touches tapées».[6] Bien qu'ayant évolué depuis, la logique d'utilisation de cette fonction reste la même et le processus d'association entre mots-clés est en grande partie automatisé, ce qui lui vaut régulièrement d'être objet de débats sociaux lorsque des résultats inattendus ou questionnables font surface.[7]

Ces suggestions automatisées s'apparentent donc à un fléchage qui indique des chemins à suivre sur la base de recherches effectuées par d'autres et évaluées comme similaires par les algorithmes. Recalculées en permanence, ces recommandations dessinent donc un paysage singulier de proximités sémantiques, reflets des questions des autres utilisateurs et mises au diapason de ce qui constitue «l'actualité». Elles se trouvent alors érigées en hiérarchie de probabilités. Traduit en langage commun, le dispositif déclare à l'usager que «si vous avez commencé à formuler cette question, sur la base de multiples variables dont les requêtes formulées récemment par d'autres usagers, il y a de très bonnes chances que ce qui vous intéresse est d'associer votre requête au terme suivant...». Dans un parcours de recherche d'information, ces propositions d'autocomplétion, bien avant les résultats de la recherche Google, constituent donc déjà un premier «résultat» de l'enquête informationnelle, car elles suggèrent un champ sémantique à l'utilisateur, favorisant certaines expressions au détriment d'autres.

Les commémorations du centenaire de la Première Guerre mondiale de 2014 nous offrent l'occasion d'aborder cette thématique en questionnant la manière dont le moteur de recherche Google tente de préempter les interrogations des internautes en leur suggérant des pistes de recherche sur la base des premiers termes introduits, l'algorithme anticipant des

---

5   JOBIN Anna, KAPLAN Frederic, «Are Google's linguistic prosthesis biased towards commercially more interesting expressions? A preliminary study on the linguistic effects of autocompletion algorithms», in: Conference Abstracts, Center for Digital Research in the Humanities, Lincoln (NE) 2013, 245–248.
6   LIU Jennifer, «At a Loss for Words?», Official Google Blog, 25. 8. 2008, https://googleblog.blogspot.com/2008/08/at-loss-for-words.html (consulté le 26. 7. 2015).
7   Pour un tour de la question, cf. JOBIN Anna, «Google's Autocompletion: Algorithms, Stereotypes and Accountability», Sociostrategy, 21. 10. 2013, https://sociostrategy.com/2013/googles-autocompletion-algorithms-stereotypes-accountability/ (consulté le 24. 1. 2017).

propositions.[8] Ce sont donc précisément ces suggestions liées à différents concepts et notions faisant référence à la Grande Guerre qui nous permettent d'explorer de quelle manière le passé se manifeste pour un utilisateur de Google au moment de sa recherche en ligne.

Le passé en accès gardé

Les commémorations officielles du centenaire du premier conflit mondial dans le monde semblent soumettre l'histoire aux exigences du présent. Les commémorations qui ont eu lieu, et celles encore à venir, en particulier en 2018, vont charrier leur lot d'usages publics.[9] «Sans se pencher sur le présent, il est impossible de comprendre le passé», écrivait Marc Bloch.[10] Le questionnement sur nos sociétés contemporaines ne peut aujourd'hui faire l'impasse sur la Première Guerre mondiale, qui nous oblige à confronter «le présent comme problème historique».[11] Ainsi, les évocations d'homologies structurales entre 1914 et nos jours sont monnaie courante, perdant en profondeur historique ce qu'elles gagnent en présentisme. L'appel à un imaginaire historique autour de la Grande Guerre s'inscrit dès lors dans un usage officiel et/ou médiatique, mais qui au cours du temps devient opinion commune et autoréférentielle, parfois inconsciente, des traces que l'événement a laissées dans le présent.

Ces dynamiques d'«aplatissement» seraient-elles inscrites dans les dispositifs techniques contemporains utilisés par le grand public? Le fonctionnement des moteurs de recherche, qui opèrent sur la base de l'information disponible en ligne, semble en effet propice à un lissage du passé sur le présent. Ainsi, l'actualité des commémorations pourrait influencer les algorithmes d'autocomplétion d'au moins deux manières.[12] Premièrement, les commémorations font augmenter le volume des contenus consacrés à la Grande Guerre sur le web (discours, annonce d'événements, articles de presse ou scientifiques, etc.). Les données et les métadonnées de ces contenus, qui dans leur ensemble opèrent dans un certain univers sémantique, sont ensuite référencées par les algorithmes du moteur de recherche.

---

8 JOBIN/KAPLAN (voir note 5), 245–248.
9 A ce propos, voir: HORNE John, «The Great War at its Centenary», in: WINTER Jay (éd.), The Cambridge History of the First World War, vol. 3, Cambridge 2014, 618–639; JULIEN Elise, Der Erste Weltkrieg (Kontroversen um die Geschichte), vol. 74, Darmstadt 2014.
10 BLOCH Marc, L'étrange défaite, Paris 1946, 5.
11 LUKACS Georg, Histoire et conscience de classe. Essais de dialectique marxiste, Paris 1960, 150.
12 Sur la logique algorithmique, voir GOOGLE, «Effectuer des recherches avec la saisie semi-automatique – Aide Recherche Web», Effectuer des recherches avec la saisie semi-automatique, s. d., https://support.google.com/websearch/answer/106230?hl=fr (consulté le 8. 2. 2017).

Certaines associations lexicales pourraient alors apparaître plus pertinentes, car elles reviennent plus fréquemment que d'autres dans les contenus mis en ligne pendant la période des commémorations. Deuxièmement, les mots-clés recherchés par les internautes, leur provenance et leur volume sont d'autres éléments pris en compte par les algorithmes d'autocomplétion de Google. Plus une certaine expression composée est recherchée, plus ses mots-clés seront associés. Les mêmes raisons qui sont à l'origine de l'augmentation du contenu web consacré à la Grande Guerre en 2014 expliquent également pourquoi le grand public peut être amené à effectuer des recherches web en lien avec la Première Guerre mondiale ou ses commémorations.[13]

Comprendre le présent de la Grande Guerre contribue à éclairer la conscience historique de cet événement, conçue comme le dialogue entre la construction d'une mémoire collective et celle de l'histoire savante. Ainsi, plus que jamais dans les usages du web, la «conscience du passé dépend de l'autoconscience du présent».[14] La question se pose alors en termes de rapport «entre les formes de fabrication/réception des récits et la conscience de soi» de nos sociétés;[15] mais aussi en fonction des liens réciproques entretenus par le passé, le présent et le futur dans les nouveaux dispositifs informationnels et communicationnels. Les extraordinaires potentialités d'Internet, en tant que vecteur de transmission, sont souvent occultées par la dénonciation pure et simple du «présentisme» que l'on suppose inhérent à ce type de média. Pourtant, la massification de l'usage des moteurs de recherche nous offre l'occasion d'aborder les «présents du passé» sous un jour résolument nouveau en nous penchant spécifiquement sur les rapports complexes et souvent tourmentés entre histoire, mémoire et sociétés.

Les médias (quels qu'ils soient) sont non seulement des «véhicules de mémoire» mais aussi des constructeurs de la mémoire historique.[16] Leur importance dans la construction d'un regard sur l'histoire n'est plus à prouver. Pierre Nora ne questionnait-il pas déjà, dans les années 1980, l'«irruption» du passé dans la presse, à la télévision, à la radio...;[17] aujourd'hui,

---

13 Pour plus de détails sur l'influence notamment des actualités médiatiques sur le volume de recherche, voir GRANKA Laura Ann, «Media Agenda Setting and Online Search Traffic. Influences of Online and Traditional Media», 2010, http://research.google.com/pubs/pub36915.html (consulté le 10. 6. 2016).
14 BALABAN Oded, «Temps, entendement et volonté», Diogène, 190 (2000), 5.
15 HARTOG François, LANCLUD Gérard, «Régimes d'historicité», in: DUTU Alexandre, DODILLE Norbert (éds.), L'état des lieux en sciences sociales, Paris 1993, 32.
16 GLASSEY Olivier, PREZIOSO Stéfanie, «Fabrique médiatique du regard et usages publics de l'histoire. Steven Spielberg, le Débarquement et la guerre côté Alliés», in: BADIE Marie-France, HECK Michèle-Caroline, MONBRUN Philippe (éds.), La fabrique du regard (L'atelier des sciences humaines et sociales), Paris 2011, 326–335.
17 NORA Pierre, «La fin de l'histoire-mémorisé», in: id. (éd.), Les lieux de mémoire, Paris Paris 1984, XVII–XXV.

son «omniprésence» ne fait plus de doute. Les canaux de diffusion se sont cependant multipliés et diversifiés: film grand public, docudrama ou fiction du réel, jeux vidéo...[18] Le web est devenu l'un des vecteurs principaux de la construction de points de vue sur le passé, où les internautes sont appelés à intervenir dans la construction de la mémoire, en fonction des impératifs du présent, un phénomène que Louise Merzeau résume par la notion de «plasticité de la mémoire» sur le web.[19]

Notre recherche s'inscrit plus généralement dans les usages publics et politiques de l'histoire dans les nouvelles technologies de l'information et de la communication.[20] L'autocomplétion est une façon omniprésente mais invisible dont ces mémoires sont traduites en ligne. Il convient alors d'explorer de quelles manières ces supports favorisent de nouvelles représentations de l'événement et par là même de nouveaux espaces de mémoire diffuse qui n'est ni la mémoire officielle, ni la mémoire collective, ni celle de groupe ou individuelle, mais une mémoire se situant en deçà et au-delà des autres.

En parallèle aux activités de commémorations publiques, et à la mémoire officielle qui se (re)construit au moment du centenaire, nous sommes ainsi en mesure de détecter une évolution possible de ce *regard d'aujourd'hui* et de la mémoire collective qui y est associée. L'influence des algorithmes sur le «présent du passé» se donne à voir notamment dans la manière dont l'actualité des commémorations (discours, cérémonies, productions médiatiques, etc.) se retrouve non seulement au niveau des résultats d'une recherche en ligne mais déjà dans les autocomplétions sur ces sujets.

Comment cette actualité influence-t-elle les suggestions du moteur de recherche ou, au contraire, de quelles manières se retrouve-t-elle associée à d'autres événements? Quelle est la volatilité de ces associations calculées et comment participent-elles des formes de «tyrannie du récent»[21] qui seraient inscrites dans les logiques de fonctionnement de cette infrastructure épistémique que constitue le web?

---

18 Sur cette dernière question, voir GLASSEY Olivier, PREZIOSO Stéfanie, «La guerre en ligne. Analyses des pratiques liées aux simulations informatiques ludiques massivement multi-joueurs», in: ROUSTAN Mélanie (éd.), La pratique du jeu vidéo: réalité ou virtualité? (Sciences humaines et sociales. Consommation et société), Paris 2004, 189–202.
19 MERZEAU Louise, «Guerres de mémoires on line: un nouvel enjeu stratégique ?», in: BLANCHARD Pascal, VEYRAT-MASSON Isabelle (éds.), Les guerres de mémoires. La France et son histoire. Enjeux politiques, controverses historiques, stratégies médiatiques (Cahiers libres), Paris 2008, 297.
20 GLASSEY/PREZIOSO (voir note 16).
21 GLASSEY Olivier, PREZIOSO Stéfanie, «Musées de la Résistance en ligne. Vers de nouveaux espaces symboliques?», En Jeu. Histoire et mémoire vivante, 1 (2013), 105–117.

Une méthodologie anticipatoire

Les algorithmes n'opèrent pas dans un vacuum mais s'intègrent dans le monde social et ses dynamiques, qui se traduisent en paramètres mesurables et, surtout, en mots-clés.[22] En anticipant que les mots-clés et l'évaluation que Google en fait peuvent varier dans le temps en fonction des usages publics de l'histoire, nous avons collecté nos données pendant l'été des commémorations de la Grande Guerre en 2014. Ces données sont donc des listes ordinales constituées de suggestions d'autocomplétion Google pour une expression de base donnée, triées d'après leur pertinence. La récolte de ces données a posé trois défis méthodologiques majeurs que nous expliciterons ci-dessous: d'abord, il a fallu minimiser les effets de personnalisation et de profilage; ensuite, il était important de nous focaliser sur la dimension temporelle en vue du fonctionnement dynamique des algorithmes de Google qui changent au fil du temps; et finalement, il était crucial de constituer à l'avance un ensemble d'expressions de base sur lesquelles nous récolterions les suggestions d'autocomplétion, et donc d'anticiper tout actualité *potentielle* autour des commémorations de la Grande Guerre.

Aucun usage de Google n'échappe au profilage, c'est-à-dire à l'adaptation générale du moteur de recherche en fonction par exemple du lieu géographique ou du navigateur utilisé. Comme le profilage est fondé sur des données agrégées de l'ensemble des internautes, notre faible volume de recherche ne devrait pas y avoir eu d'impact. A partir de là, un focus sur l'évolution des autosuggestions a permis de retracer la volatilité de ces dernières à condition de garder les paramètres de profilage fixes. Nous avons atteint cela en créant un environnement stable, c'est-à-dire en utilisant un ordinateur exclusivement consacré à cette recherche, et en collectant nos données avec le même protocole sur le même réseau internet pendant toute la période de récolte, en ouvrant à chaque fois une nouvelle session. Pour que ces changements de mots-clés ne soient pas liés à des logiques de personnalisation, nous avons pris soin de récolter nos données en interrogeant google.fr directement depuis le terminal avec l'outil cURL, qui envoie une demande http et ne sauvegarde pas d'historique ni de témoins de connexion. Cette démarche nous a permis de neutraliser les effets de profilage et d'éviter les écueils liés à la personnalisation.

Le ciblage individuel des moteurs de recherche fait que chaque utilisateur dispose de sa propre version des propositions et des résultats de Google

---

22 Cf. JOBIN Anna, GLASSEY Olivier, «‹I Am Not A Web Search Result! I Am A Free Word.› The Categorization and Commodification of ‹Switzerland› by Google», in: RASCH Miriam, KÖNIG René (éds.), Society of the Query Reader. Reflections on Web Search, Amsterdam 2014, 153.

à un moment donné.[23] Il n'est alors pas possible de tirer de conclusions générales à partir d'une observation des suggestions d'autocomplétion isolée (ni même des résultats de recherche par ailleurs, bien que bon nombre d'enquêtes abondent dans ce sens). Cela rend par ailleurs difficile, voire impossible, une étude qui se concentrerait uniquement sur les suggestions d'autocomplétion à un moment donné: elle permettrait d'esquisser une liste de mots-clés qui ne sera, de toute façon, pas stable dans le temps et donc anecdotique. Nous avons contourné ce problème en nous focalisant sur *l'évolution* des propositions, c'est-à-dire sur les dynamiques à moyen terme qui régissent les suggestions d'autocomplétion. En collectionnant nos données à une fréquence hebdomadaire pendant 22 semaines[24] entre avril et septembre 2014, notre récolte couvre les deux mois avant et après les dates clés du centenaire de la Grande Guerre en juin et en juillet. Ainsi, nous n'avons pas seulement étudié les simples occurrences de certaines suggestions d'autocomplétion, mais surtout leurs logiques d'évolution au fil des semaines.

Afin de pouvoir collecter des suggestions d'autocomplétion, il fallait choisir les expressions de base. Pour détecter une évolution éventuelle pendant la période celle-ci, ces expressions de base devaient impérativement être définies avant le début de la récolte, sans possibilité d'ajouter de nouvelles expressions au protocole durant la récolte même. C'est pourquoi nous avons dû définir des listes de mots-clés extrêmement larges, qui allaient couvrir autant que possible toute actualité potentielle de l'été 2014. Autrement dit, ces listes étaient marquées par l'anticipation de ce qui *aurait pu* se passer pendant l'été 2014 ayant un impact sur les recherches Google: des prises de position publiques ou des discours officiels à mots-clés marquants, des énoncés viraux par des politiciens ou lors de commémorations locales, des accidents, des gaffes ou des faux pas, et caetera. Ce qui impliquait que la plupart de nos mots-clés risquaient de devenir superflus en automne, une fois que nous connaîtrions l'existence – ou non – d'événement ou d'énoncé marquant pendant les mois précédents – une évaluation qui n'est possible qu'*ex post.*

Nous avons défini trois thesauri – constitués, respectivement, d'expressions nominatives, d'expressions spécialisées et d'expressions éventuelles –, nous étant restreints à l'étude des expressions entières. Le premier thesaurus est composé de mots qui désignent la Première Guerre mondiale, tel «Grande Guerre» ou «Der des der». Le deuxième thesaurus comprend quant à lui le lexique du Collectif de recherche international et de débat

---

23 BOZDAG (voir note 3).
24 Pour l'un des trois thesauri (cf. ci-dessous), nous ne disposons que de 16 semaines de données à la suite d'une erreur de sauveguarde.

sur la guerre de 1914-1918 (CRID 14-18),[25] allant d'«abeille» à «zeppelin». Ce thesaurus nous est apparu comme d'autant plus intéressant que le CRID 14-18 occupe une place particulière dans le champ historiographique français; tenant d'une histoire sociale du conflit, le collectif d'historiens qui a son siège à Craonne s'inscrit dans une lecture critique de la guerre moins diffusée par les grands médias. Finalement, le troisième thesaurus comprend un ensemble de mots qui auraient pu être importants au fil de l'été et des commémorations. Afin de le constituer, nous avons extrait les noms communs et les noms propres des discours présidentiels et des articles publiés par Le Monde consacrés au centenaire en 2013. La distinction entre les trois thesauri n'a pas eu d'impact sur la conclusion finale mais nous a permis de constituer un ensemble d'expressions de base aussi vaste qu'hétérogène.

En suivant sur plusieurs mois les propositions d'autocomplétion à partir de ces termes prédéfinis, la récolte finale a résulté en plus de 190'000 suggestions d'autocomplétion. Cependant, ce grand nombre ne se traduit pas en une analyse aussi exhaustive: d'un côté, une grande partie des expressions – surtout celles qui pourraient être qualifiées d'anticipatoires – est devenue superflue, car aucun événement ou énoncé de l'été 2014 lié à la Grande Guerre ne s'est avéré de caractère viral; d'un autre côté, nous avons constaté, pour une grande partie des mots restants, des minimes fluctuations récurrentes dans l'ordre d'apparition en tant que suggestion d'autocomplétion. Ce dernier point confirme notre prémisse d'être face à un système algorithmique en adaptation constante. Google change donc en continu, sans que l'impact de ces changements soit assez grand pour pouvoir l'attribuer à des facteurs extérieurs. Bien qu'il soit impossible d'expliquer ce qui se passe exactement à l'intérieur de la boîte noire de Google – et tel n'a pas été notre objectif[26] – notre analyse longitudinale nous a permis d'extraire des études de cas qui traduisent différentes représentations du lien entre passé et présent. C'est pourquoi notre analyse, ci-dessous, se focalise sur certains mots-clés qui illustrent des logiques d'autocomplétion très diverses et nous permettent de constater certains

---

25 BACH André et al., «Lexique des termes employés en 1914-1918», Collectif de recherche international et de débat sur la guerre de 1914-1918, 2014, http://crid1418.org/espace_pedagogique/lexique/lexique_ini.htm (consulté le 4. 1. 2014).

26 Non seulement il est impossible de connaître le fonctionnement exact des systèmes algorithmiques de Google – parce qu'il est dynamique, parce qu'il est secret et parce qu'il repose sur des logiques algorithmiques d'autoapprentissage – mais même si elles étaient réalisables, de telles connaissances n'auraient qu'un impact partiel sur la compréhension des enjeux qui sont liés. A ce propos, cf. SEAVER Nick, «On Reverse Engineering. Anthropology and Algorithms», Medium, 28. 1. 2014, https://medium.com/anthropology-and-algorithms/on-reverse-engineering-d9f5bae87812 (consulté le 20. 8. 2015); ANANNY Mike, CRAWFORD Kate, «Seeing without Knowing. Limitations of the Transparency Ideal and its Application to Algorithmic Accountability», New Media & Society, 2016.

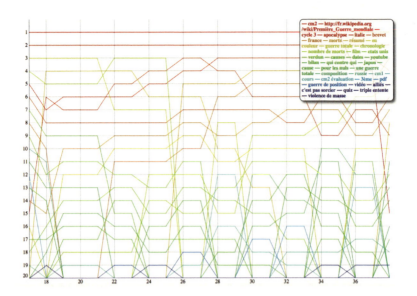

Fig. 1: Toutes les autocomplétions pour la recherche «première guerre mondiale» et leurs positions ordinales au fil des semaines

des liens avec le passé ainsi construits par les suggestions proposées automatiquement.

Notre analyse s'est faite à l'aide d'un outil de visualisation,[27] qui a rendu davantage lisible pour l'œil humain l'ordre des mots-clés au fil des semaines. Cet outil de visualisation nous montre toutes les suggestions d'autocomplétion pour un terme donné sous forme d'un tableau: l'axe des X représente le temps (indiqué en numéro de semaines du calendrier) et l'axe des Y montre l'ordre d'une suggestion donnée par rapport à d'autres expressions, le chiffre «1» indiquant la première suggestion d'autocomplétion, «2» la seconde, et ainsi de suite. Plus la ligne est basse, plus faible est donc la probabilité réelle que l'expression soit effectivement proposée à un utilisateur de Google lors d'une recherche (figure 1).

Au lieu d'effectuer une analyse automatique nous avons opté pour une approche privilégiant une coordination de regards humains sur les données afin d'émettre des hypothèses pertinentes et d'éviter des surinterprétations. En effet, notre recherche vise à explorer les liens du présent au passé, et donc à analyser des univers sémantiques et narratifs. Cette tâche demande

---

27 Pour une discussion des enjeux de la visualisation de données en histoire, voir NATALE Enrico et al., Visualisierung von Daten in der Geschichtswissenschaft / La visualisation des données en histoire, Zurich 2015.

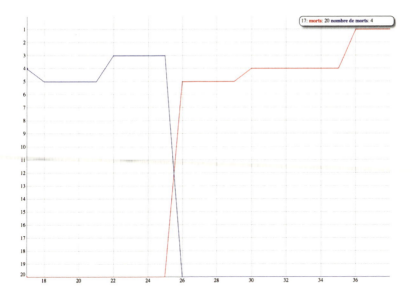

Fig. 2: Deux autocomplétions particulières pour la recherche «première guerre mondiale» mises en exergue par les chercheurs et leurs positions ordinales au fil des semaines

un savoir spécialisé, contextuel, et n'est que difficilement traduisible en un processus automatisé.[28] Le premier cas ci-dessous illustre d'ailleurs parfaitement bien en quoi une analyse simple purement quantitative n'aurait sans doute pas été en mesure de révéler les subtilités sémantiques qui nous intéressent.

Un paysage mémoriel à l'ombre des probabilités d'occurrence

Puisque l'autocomplétion intervient en amont de la recherche sur Internet, au moment même de sa formulation par l'usager, nous avons vu auparavant que les regards contemporains sur le passé (discours, cérémonies, productions médiatiques, etc.) peuvent se retrouver déjà dans les propositions qui sont faites aux internautes, et pas seulement dans les résultats de recherche.

Un premier constat est d'ordre général: la plupart des suggestions proposées automatiquement n'ont pas d'importance stable. Leur place dans

---

28 Pour une discussion des approches historiques qui peuvent, ou non, bénéficier des Big Data, voir BEARMAN Peter, «Big Data and Historical Social Science», Big Data & Society, 2/2 (2015).

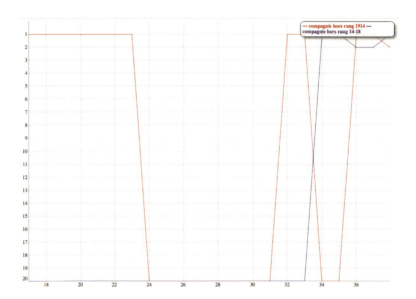

Fig. 3: Toutes les autocomplétions pour la recherche «compagnie hors rang» et leurs positions ordinales au fil des semaines

le tableau change constamment, ce qui indique que le lien algorithmique entre le présent et le passé est sans cesse renégocié. Cependant, ce lien opère à plusieurs niveaux et son impact est parfois équivoque. Un exemple qui illustre ce qui précède concerne le terme «première guerre mondiale». Pour la recherche de ce terme, par exemple, la suggestion d'autocomplétion «nombre de morts» est plutôt haut classée. D'après Google, il y a donc une certaine probabilité qu'une personne qui commence par taper «première guerre mondiale» sur son clavier souhaite finir sa recherche par «nombre de morts». Mais d'une semaine à l'autre, à la mi-juin 2014, cette suggestion d'autocomplétion ne fait plus partie des possibilités. Cependant, elle n'a pas disparu. Elle a simplement été remplacée par l'expression plus courte de «morts» (figure 2). Et alors que le changement est intéressant sous l'angle du langage, il s'avère difficile d'interpréter son impact significatif sur l'univers sémantique lié à la Première Guerre mondiale.

Dans d'autres cas, les changements des termes d'autocomplétion – ou carrément l'absence de suggestions – proposent des lectures *a priori* moins ambiguës. Prenons l'expression de «compagnie hors rang». Les suggestions d'autocomplétion associées à cette expression sont très peu nombreuses: d'abord, il n'y en a qu'une, «1914», qui disparaît pendant neuf semaines, et ensuite une deuxième suggestion, «14-18», apparaît. (figure 3). La seule

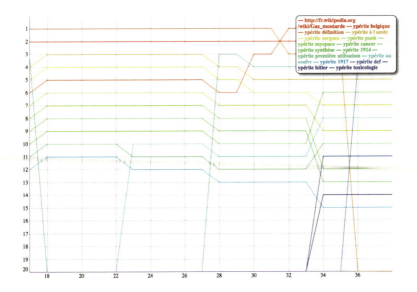

Fig. 4: Toutes les autocomplétions pour la recherche «ypérite» et leurs positions ordinales au fil des semaines

association sémantique algorithmique de l'expression «compagnie hors rang» n'est donc pas très forte mais est en revanche clairement liée au premier conflit mondial.

Une autre expression liée à la Grande Guerre est celle d'«ypérite», le gaz moutarde qui doit son surnom à sa première utilisation lors d'un combat près du village d'Ypres. Ce lien se reflète également dans les suggestions d'autocomplétion: parmi les 15 suggestions existantes, une grande partie se réfère à des lieux ou des événements de la Première Guerre mondiale, comme «ypérite belgique», «ypérite 1914», «ypérite 1917» ou encore «ypérite hitler» (figure 4).[29] Cette association sémantique coexiste avec un autre champ lexical important lié à la composition chimique («ypérite à l'azote», «toxicologie», «synthèse»). Un troisième champ sémantique, composé de deux suggestions associant l'expression à un groupe de musique du même nom, semble perdre en importance à partir de la mi-août. Cet exemple nous montre que les associations entre mots-clés d'un certain champ de connaissances peuvent être, sur Google, en compétition directe avec celles d'autres champs.

Parmi les très nombreuses suggestions d'autocomplétion potentielles pour l'expression «première guerre mondiale» (figure 5), il y en a certaines

---

29 En effet, Adolf Hitler était parmi les soldats allemands blessés par le gaz moutarde à Ypres.

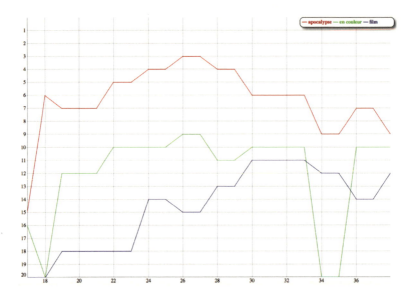

Fig. 5: Trois autocomplétions particulières pour la recherche «première guerre mondiale» mises en exergue par les chercheurs et leurs positions ordinales au fil des semaines

qui se réfèrent clairement à des produits culturels spécifiques récents (au moment de la capture des données). Nous y retrouvons notamment le film documentaire en cinq épisodes *Apocalypse: la Première Guerre mondiale*[30] d'Isabelle Clarke et Daniel Costelle (figure 6). Ce documentaire fait suite à *Apocalypse: la Seconde Guerre mondiale*[31] et *Apocalypse Hitler*,[32] de véritables succès d'audience. Ces documentaires ont la particularité d'avoir été réalisés avec des images d'archives colorisées, afin de les rendre plus «accessibles» pour le grand public; ils sont narrés par la voix de Matthieu Kassovitz et présentent des documents filmés d'époque montés dans un scénario filmique qui s'apparente à de la fiction et où «l'émotion» représentée mais aussi suscitée joue un rôle cardinal comme en témoignent les titres des cinq épisodes d'*Apocalypse: la Première Guerre mondiale* (Furie, la Peur, l'Enfer, la Rage, Délivrance).

Ce que dévoilent alors nos observations, c'est que les plus populaires de ces produits culturels, massivement distribués, fonctionnent à la fois comme

---

[30] CLARKE Isabelle, COSTELLE Daniel, Apocalypse: la Première Guerre mondiale, 2014, 295 minutes.
[31] CLARKE Isabelle, COSTELLE Daniel, Apocalypse: la Seconde Guerre mondiale, 2009, 320 minutes.
[32] CLARKE Isabelle, COSTELLE Daniel, Apocalypse: Hitler, 2011, 104 minutes.

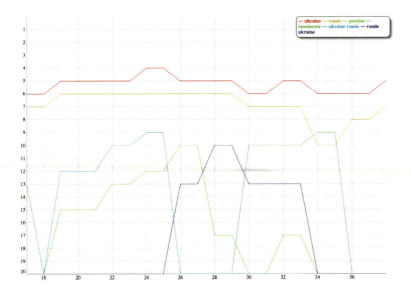

Fig. 6: Six autocomplétions particulières pour la recherche «guerre mondiale» mises en exergue par les chercheurs et leurs positions ordinales au fil des semaines

dispositifs qui mettent en avant une lecture historique spécifique et à la fois deviennent pour les internautes et pour les algorithmes une catégorie pertinente de recherche d'information sur ce contexte historique spécifique.

Un autre cas de figure nous montre que l'infrastructure numérique de Google, dans son association entre mots-clés significatifs, fait cohabiter les contextes historiques avec un futur hypothétique: en cherchant «guerre mondiale», l'une des suggestions algorithmiquement pertinentes est, comme l'on pourrait s'y attendre, le chiffre «1», pour Première Guerre mondiale. D'ailleurs, il en est de même pour le chiffre «2». Et alors que «guerre mondiale 1» et «guerre mondiale 2» font référence à des faits historiques avérés, il existe également la suggestion algorithmique «3», qui désigne donc un événement hypothétique. «guerre mondiale 3» cohabite avec les autres suggestions sans signe apparent de son caractère hypothétique.

D'autres associations algorithmiques à l'expression «guerre mondiale» montrent ce que Prezioso et Glassey ont précédemment appelé la «tyrannie du récent», à savoir les logiques de fonctionnement de cette infrastructure épistémique que constitue le web qui privilégient fortement le présent.[33]

---

33 GLASSEY Olivier, PREZIOSO Stéfanie, «Auschwitz sur Facebook. Un livre d'or avant la visite», Culture & Musées, 20/1 (2012), 95–120.

Fig. 7: Capture d'écran de Google pour la recherche «guerre mondiale»

Dans nos données, le «récent» se manifeste par exemple sous la forme de suggestions d'autocomplétion provenant de l'actualité géopolitique, comme «guerre mondiale ukraine», ou «russie», ou «poutine» (figure 5). D'ailleurs, la suggestion combinant les deux pays, «guerre mondiale ukraine russie» est inversée fin juin en «guerre mondiale russie ukraine». Ces processus sont incroyablement dynamiques: l'actualité, les centres d'intérêts des internautes, les modifications des algorithmes, d'autres modifications techniques (par exemple le design, l'interface utilisateur, etc.) contribuent tous à changer le paysage des résultats d'autocomplétion que nous avons observé.

Cependant, si la volatilité de ces associations calculées peut, dans sa forme extrême, soutenir les logiques de la «tyrannie du récent», il existe également la problématique opposée, c'est-à-dire la stabilisation erronée du passé. Le cas de la «guerre mondiale de septante-huit» en est un exemple flagrant. En effet, tapant une personne francophone qui tapait «guerre mondiale» dans le champ de recherche de Google avait de fortes chances, pendant l'été 2014, de se voir proposer non seulement les compléments «1» et «2», voire «3», mais également «de 78» (figure 6). L'origine de cette expression est une émission de télé-réalité diffusée début mars 2013, reprise dans les médias: «C'était la guerre mondiale de soixante-dix-huit»,[34] disait une participante décrivant une dispute. Nos données datant d'au moins un an plus tard, et s'étendant sur plusieurs mois, indiquent une stabilisation de l'autocomplétion «de 78» pour «guerre mondiale». Autrement dit, sur la base d'une «bourde» énoncée par une personne médiatisée à un moment donné, ainsi que sur la base du «buzz» qui a suivi – car ce sont bien ces répétitions qui fondent l'existence de cette «catégorie d'événement» – les algorithmes du moteur de recherche le plus utilisé en Europe suggèrent, même un an plus tard, aux internautes de s'informer

---

34 Voir «Clash entre Amélie et Aurélie (Les Anges 5), Téléloisir.fr, 4. 3. 2013, http://www.programme-tv.net/videos/zapping/12939-clash-entre-amelie-et-aurelie-les-anges-5/. A noter que «la guerre mondiale de soixante-dix-huit» est phonétiquement proche de «quatorze – dix-huit», ce qui est moins apparent dans les chiffres

sur une guerre qui n'a jamais existé. En regard de la dimension fortement dynamique des algorithmes d'autocomplétion, constater des formes de stabilisations est au moins aussi important que d'identifier des variations.

Vers des usages algorithmiques de l'histoire?

Nous l'avons vu, l'action des algorithmes des moteurs de recherche ne se situe pas uniquement au niveau des résultats d'une requête mais intervient également en amont, au moment même de sa formulation par l'usager. Etudier quelles expressions sont associées à des termes liés à la Grande Guerre, et comment ces associations changent dans le temps, nous a alors permis d'analyser les différentes dynamiques de la représentation de la Grande Guerre par cette infrastructure informationnelle numérique qu'est Google. Nous avons pu identifier des formes d'écrasements épistémologiques produits par ce dispositif, qui non seulement retravaille sans cesse le passé à l'aune du récent, mais génère également de nouvelles catégories d'événements stables qui viennent peupler l'univers sémantique de la Guerre mondiale. L'examen de l'association d'expressions à des termes liés aux événements historiques nous permet ainsi de constater que les algorithmes d'autocomplétion ne font aucune différence ontologique entre un événement historique, un événement potentiel, voire une divagation. Ce constat est d'autant plus important qu'il illustre empiriquement comment les acteurs algorithmiques contemporains participent à une mémoire collective «filtrée». Ces derniers occupent alors une position stratégique et exercent, *de facto*, un pouvoir d'influence sur notre «présent du passé».

Cependant, notre recherche a également démontré qu'à l'intérieur d'un cadre bien posé, le fonctionnement algorithmique qui gouverne les représentations du passé est incroyablement dynamique, tel un kaléidoscope qui permet de voir d'innombrables motifs bariolés tout en contenant un nombre de formes et de couleurs bien défini. A l'intérieur d'une infrastructure informationnelle gérée par Google, les suggestions d'autocomplétion à caractère historique reflètent alors une mémoire collective existante puisqu'elle se fonde sur des mots-clés associés par les utilisateurs lors de précédentes recherches. En même temps, ces associations sont, à l'intérieur du cadre posé, très dynamiques puisqu'elles se recréent à l'usage, prenant en compte l'actualité ainsi que les actions des utilisateurs. Cependant, il nous semble crucial de ne pas sous-estimer le fait que les algorithmes d'autocomplétion sont un dispositif technique ayant une chance de dévier l'utilisateur de ses intentions initiales de recherche. Et alors que les résultats de recherche peuvent plus facilement être scrutés, discutés et remis en question, l'autocomplétion agit à la fois en amont et de manière subtile.

Force est de constater que différentes logiques agissent simultanément, et nous en avons montré des cas d'études pour plusieurs d'entre elles. Parmi les suggestions liées à la Première Guerre mondiale, certaines semblent clairement se rapporter à l'immédiat, comme celles concernant l'actualité géopolitique. De même, il existe des stabilisations qui relèvent elles du «récent», associant la Grande Guerre à des produits culturels grand public ou à un énoncé viral d'une vedette de télé-réalité. Nous avons également constaté que les mots-clés du champs lexical historique sont, à l'intérieur de la logique de l'autocomplétion, en compétition avec d'autres associations sémantiques. Il s'agit alors d'interroger sur la tension entre les différentes dynamiques algorithmiques et par là même la mémoire collective véhiculée.

Pour conclure, notre approche montre le rôle de plus en plus prépondérant que prennent les algorithmes dans nos manières d'utiliser les ressources des technologies de l'information pour appréhender le monde. Elle postule qu'il convient d'intégrer ces dispositifs techniques dans la réflexion sur les usages publics de l'histoire tels qu'ils se déploient dans leurs formes contemporaines. Ce terrain offre également l'occasion de s'interroger sur la relation changeante de nos sociétés aux récits et aux temporalités historiques. L'exemple des commémorations de la Première Guerre mondiale montre comment le passé se trouve sans cesse reconfiguré à l'aune d'un présentisme renforcé par les dispositifs techniques actuels. Cette dialectique entre l'horizon d'un présent où l'actualité dicte son agenda et la convocation d'une histoire qui oscille entre «nostalgie du passé», mémoire collective et histoire savante constitue alors l'un des espaces dans lesquels le pouvoir des algorithmes s'institue.

Anna Jobin
Chercheuse au Health Ethics & Policy Lab (ETH Zurich) et membre affilié au Laboratoire d'étude des sciences et des techniques (STS Lab) de l'Université de Lausanne. Ses recherches portent sur les logiques algorithmiques en ligne et les dynamiques de commodification du numérique.

Stéfanie Prezioso
Professeure associée à l'Institut d'études politiques, historiques et internationales (IEPHI) de l'Université de Lausanne, membre du conseil scientifique de la Mission du Centenaire de la Première Guerre mondiale et membre du Collectif de Recherche International et de Débat sur la Guerre de 14-18 (CRID).

Olivier Glassey
Maître d'enseignement et de recherche au Laboratoire d'étude des sciences et des techniques (STSLab) et à l'Observatoire Science, Politique et Société (OSPS) de l'Université de Lausanne et directeur du Musée de la main UNIL-CHUV.

Frederic Kaplan
Professeur assistant à l'Ecole polytechnique fédérale de Lausanne (EPFL), où il occupe la chaire de Digital Humanities, directeur du Digital Humanities Lab (DHLab) et directeur du projet de recherche "Venice Time Machine".

"A club for all the Greeks"

Home Micros Computer Clubs between Magazines and Stores

Theodore Lekkas[1] and Aristotle Tympas[2]

The article offers a history of home microcomputers in Greece, focusing on the role of computer clubs in the second half of the 1980s. It is based on a study of articles published in mostly all Greek computer-related periodicals of this period. We introduce the formation of computer clubs for home microcomputers in Greece by arguing that there were two types of clubs, open and closed. We then elaborate on the role of computer magazines in the development of computer clubs in Greece, and, also, the interaction between computer clubs and computer stores. The article challenges the image of the Greek user of the personal computer as a passive recipient of a fixed technology. Greek users shaped home microcomputers through club-mediated practices which included, but not limited to, the modification, copying and distribution of software and the sharing of technical expertise.

Introduction

This article introduces the role of computer clubs in connection with the use of home microcomputers (known also as home micros) in Greece during the 1980s. It aims at contributing to the understanding of the interaction between users and home microcomputing technology in the historical context of the 1980s, which, in the Greek case, was characterized by minimal or no support given to computer users by either computer manufacturers or the state, amidst a parallel lack of formal / standardized education in computing.[3] Club members had the opportunity to share experiences with

---

1 Independent Researcher, holder of a PhD in the History of Technology from the Graduate Program in the History and Philosophy of Science and Technology, National and Kapodistrian University of Athens and National Technical University of Athens, Greece.
2 Professor of History of Technology in Modernity at the Department of Philosophy and History of Science, National and Kapodistrian University of Athens, Greece.
3 For the rhetoric about the necessity of big computing technology projects in the 1980s see ARAPOSTATHIS Stathis, TYMPAS Aristotle (eds.), «Introduction. History of Technology in

home microcomputing technology, to exchange programs that they had created themselves, challenge the merits of commercial software, and contest established technical knowledge about machines, software and peripherals – all this while arguing in favor of the advantages of home microcomputing technology. Through collaboration and debate, computer clubs ushered in training in software, whilst promoting the distribution of it in both commercial and homemade forms, most usually as copies.

Clubs members were offered the opportunity to attend seminars that were organized by the institution that housed the computer club. These seminars were aimed at helping users taking their first steps with computing technology, and also with programming and learning about specialized commercial programs and computer languages. In addition, participation in a computer club gave access to hundreds, if not thousands, of software programs, usually copied ones. This was a critical aspect of the use of home microcomputers in the Greek sociotechnical environment of the 1980s, where the available software was limited, mostly imported and in any case expensive. Members of Greek computer clubs were provided with software through lists of copied software that covered almost every aspect of use, i. e. entertainment, applications, programming. Against international legislation, the club practices of software copying, cracking and distribution were advanced as an integral part of computer use.

Through the club, the user had the opportunity to maximise the use of the personal computer, and – furthermore – to enrich and negotiate the meanings ascribed to it by its designers, sellers, advertisers and other mediators. Exploring different aspects of the use of home microcomputers in the Greek sociotechnical framework, as reflected and represented in computer magazines and stores, we suggest here that we should reconsider the image of the user of the personal computer as a passive receiver of a ready-made technological product. Through a process that was rather open, users shaped the home micros in a way that brought it in line with the social, economic and cultural context of the time.

The research presented here is part of a broader study of Greek computer magazines of the 1980s.[4] In this article we focus on *PIXEL*, from issue 1

Modern Greece from the Nineteenth century to the Present Day», History of Technology, 33/1 (2017), 1–17.

4 This broader study was launched by the one of the authors of this paper in 2003-2004. See TYMPAS Aristotle, One Global Machine, Many Local Journals: The Proliferation of a Nation-specific Press in Electronic Computing for the Case of Greece, Society for the History of Technology Annual Conference, Atlanta (GA) 2003; TYMPAS Aristotle, For a Historiography of the Academic and Popular Journals and Periodicals of Computing Science and Technology: Mediating between the Ideal of an International (Universal) Machine and National Technological Realities, 'Information Systems and Technologies in Organizations and Society' Workshop of the 'Networks of Europe' Network, Barcelona 2003. It has culminated in a series of graduate theses and doctoral dissertations, including the following:

(October – November – December 1983) to issue 69 (December 1989), *MicroMad,* from issue 1 (December 1985) to issue 27 (January 1989) and *SPRITE,* from issue 1 (September 1988) to issue 12 (October 1989). These three were the most important out of a list of 27 home micros magazines that we have so far been able to source.[5] We were led to this research by theories of technological change which place the emphasis on the crucial mediation of a whole range of social groups and actors,[6] and the importance of the reconfiguration of technology-in-use.[7]

Through their participation in the computer clubs proliferating in the period under consideration, communities of computer journalists and store owners became leading mediators of computer technology. They played a key role in opening the black box of home microcomputing technology so as to make its contents appropriate for domestic use.

Historiography of Computer Clubs: Perspectives and Issues

Historians of computing technology have shown that user clubs contributed substantially to the spread of microcomputers.[8] The most striking example may be that of the *Homebrew Computer Club,* which, together with similar user groups, was key to the development and diffusion of

---

LEKKAS Theodore, Public Image and User Communities of the Home Computers in Greece, 1980–1990, Unpublished PhD thesis (Athens: University of Athens, 2014); KONSTA Harikleia, The Public Image of Computing Technology in Greece, 1954–2004: Labor, Gender, Workplace, Educational Issues, Unpublished PhD thesis (Athens: University of Athens, 2014).

5 For a complete list of the Greek computer magazines published in the 1980s, see the table in page 23, in: LEKKAS Theodore, "Computer Technology Periodicals and the Circulation of Personal Computer Knowledge in 1980s Greece", History of Technology, 33/1 (2017), 224–251.

6 CORN Joe, "Educating the Enthusiast: Print and the Popularization of Technical Knowledge", in: WRIGHT John L., Possible Dreams, Dearborn (MI) 1992, 19–33; CORN Joe, "'Textualizing Technics': Owner's Manuals and the Reading of Objects", in: MARTIN Ann Smart, GARRISON J. Ritchie (eds.), American Material Culture. The Shape of the Field, Winterthur (DE) 1997, 169–94; GUERREIRO-WILSON Robbie et al., "Information Systems and Technology in Organizations and Society: Review Essay", in: SCHOT Johan et al. (eds.), Tensions of Europe. Network First Plenary Conference Proceedings, Budapest 2004; OLDENZIEL Ruth, DE LA BRUHÈZE Adri Albert, "Theorizing the Mediation Junction for Technology and Consumption", in: DE LA BRUHÈZE Adri Albert, OLDENZIEL Ruth (eds.), Manufacturing Technology, Manufacturing Consumers. The Making of Dutch Consumer Society, Amsterdam 2009, 9–40; OLDENZIEL Ruth, DE LA BRUHÈZE Adri Albert, DE WIT Onno, "Europe's Mediation Junction: Technology and Consumer Society in the 20th Century", History and Technology, 21/1 (2005), 107–139.

7 OUDSHOORN Nelly, TREVOR J. Pinch, How Users Matter The Co-Construction of Users and Technologies, Cambridge (MA) 2003; EDGERTON David, "From Innovation to Use: Ten Eclectic Theses on the Historiography of Technology", History and Technology, 16/2 (1999), 111–136; EDGERTON David, The Shock of the Old. Technology and Global History since 1900, Oxford 2007.

8 For a list of the computer groups in Unites States from 1940s to 1960s see CORTADA James W., The Digital Flood. Diffusion of Information Technology across the United States, Europe, and Asia, Oxford 2012, 57.

computing in the United States.⁹ Clubs like this offered a forum for users to exchange experiences and ideas and to solve technical problems in a collaborative manner.¹⁰ Many members of pioneer computer clubs, such as Adam Osborn, Steve Wozniak and Bill Gates, went on to join or form their own major companies in the field, thereby influencing greatly the course of computing technology.

Computer user groups have a long history. On August 22, 1955 a group of IBM 701 users from Los Angeles met in Santa Monica, California to ponder the possibility of jointly managing and planning their programming work so as to upgrade their installations for use in the new IBM 704, a technologically improved successor to the 701. Representatives of major companies were present, including the Rand Corporation, North American Aviation, Lockheed Aircraft Corporation and IBM.¹¹ The SHARE network, as they called themselves, sought to convey the values of "cooperation and communication",¹² and evolved into a knowledge sharing hub for data professionals. Users of medium and large IBM computers could rely on it to exchange information and programs.¹³ SHARE aimed to promote cooperation between users of the digital computing equipment, so as to overcome the inadequacy and scarcity of IBM's programming tools. Approximately 300 programs were distributed among SHARE members.¹⁴

SHARE members pushed certain legal limits while collaborating during their programming work. To defend themselves from accusations of illegality, they emphasized a rhetoric which underlined the voluntary character of their work which dominated their correspondence and processes. In addition to the development of a sharing culture, in the mid-1950s, when programmers belonged to no specific work community, SHARE also offered many of them a unique space to develop and demonstrate their abilities.¹⁵

Another example of computer club was that of DECUS (Digital Equipment Computer Users Society), which was formed in 1961, soon after the presentation of the PDP-1 model (Programmed Data Processor-1), the first computer from Digital Equipment Corporation (DEC). DECUS

---

9 SWAINE Michael, FREIBERGER Paul, Fire in the Valley. The Birth and Death of the Personal Computer, O'Reilly Media, Dallas 2014, 114.
10 CERUZZI Paul E., Computing. A Concise History, Cambridge (MA), 2012, 112; LEVY Steven, Hackers: Heroes of the Computer Revolution, Sebastopol (CA) 2010, 24–25, 180.
11 CERUZZI Paul E., A History of Modern Computing, Cambridge (MA) 2003, 88.
12 ARMER Paul, "SHARE—A Eulogy to Cooperative Effort", Annals of the History of Computing, 2/2 (April 1980), 122–129.
13 CAMPBELL-KELLY Martin, From Airline Reservations to Sonic the Hedgehog. A History of the Software Industry, Cambridge (MA) 2003, 32–33; CAMPBELL-KELLY Martin, "The Development and Structure of the International Software Industry, 1950-1990", Business and Economic History, 24 (Winter 1995), 81.
14 CAMPBELL-KELLY (see note 13), 33.
15 AKERA Atsushi, "Voluntarism and the Fruits of Collaboration: The IBM User's Group Share", Technology and Culture, 42/4 (2001), 710–736.

developed into one of the largest user communities worldwide, with over 100,000 members.[16] The motivation behind DECUS was the need to exchange information and software for the PDP-1 computer. The practice of sharing the information was very important. Before starting to work on his own first version of a BASIC interpreter, Bill Gates obtained the source code for a version of BASIC from DECUS.[17]

Expertise in computer knowledge and the practice of exchanging this knowledge proved very popular in the following decades (1970s and 1980s), which were characterized by an increased importance of microcomputing and, later, personal computing technology.[18] It was estimated that 50,000–250,000 people were involved in at least 500 computer clubs around the world in 1981.[19] In many countries, early adopters of personal computers, computer hobbyists and students in information technology began to formulate computer clubs as a user support network.[20]

"Open" vs "Closed" Computer Clubs for Home Micros: The Greek Case

Computer clubs have been studied from several angles. Leslie Haddon has focused on retrieving gender-related biases in the history of computer clubs in the United Kingdom.[21] David Skinner has pointed to tensions between club members interested in computer games and amateurs seeking to

---

16 PEARSON Jamie Parker, Digital at Work. Snapshots from the First Thirty-five Years, Burlington (MA) 1992, 20.
17 ALLAN R. A., A History of the Personal Computer. The People and the Technology, London (ON) 2001, Chapter 6.3.
18 CAMPBELL-KELLY Martin, ASPRAY William, Computer. A History of the Information Machine, New York 1996, 222–226, 240–241; CERUZZI Paul E., A History of Modern Computing, Cambridge (MA) 2000, 182–189, 207–211.
19 MOSKOWITZ Robert, "Computer Clubs are a Big Hit", InfoWorld, 3/9 (1981), 40.
20 SAARIKOSKI Petri, "Club Activity in the Early Phases of Microcomputing in Finland", in: BUBENKO Janis, Impagliazzo John, Sølvberg Arne (eds.), History of Nordic Computing, New York 2005, 277–287; WASIAK Patryk, "Playing and Copying. Social Practices of Home Computer Users in Poland during the 1980s", in: ALBERTS Gerard, OLDENZIEL Ruth (eds.), Hacking Europe, London 2014, 129–150; LEKKAS, Theodore, "Legal Pirates Ltd.: home computing cultures in early 1980s Greece" in: ALBERTS Gerard, OLDENZIEL Ruth (eds.), Hacking Europe, London 2014, 73–103; LEAN, Thomas, "Inside a Day You Will Be Talking to It Like an Old Friend": The Making and Remaking of Sinclair Personal Computing in 1980s Britain", in: ALBERTS Gerard, OLDENZIEL Ruth (eds.), Hacking Europe, London 2014, 49–71; VERAART, Frank C. A., "Transnational (Dis)Connection in Localizing Personal Computing in the Netherlands, 1975-1990", in: ALBERTS Gerard, OLDENZIEL Ruth (eds.), Hacking Europe, London 2014, 25–48; LUNGU Dov, STACHNIAK Zbigniew, "Following TRACE: The Computer Hobby Movement in Canada", Scientia Canadensis. Canadian Journal of the History of Science, 34/1 (2011), 1–23; "Computers in 1980s Malta", Maltese History & Heritage, https://vassallohistory.wordpress.com/computers-in-1980s-malta/ (accessed on 3. 7. 2018).
21 HADDON Leslie G., The Roots and Early History of the UK Home Computer Market. Origins of the Masculine Micro, Unpublished doctoral dissertation, Imperial College, University of London, London 1988, 187.

experiment with programming on their home microcomputers.[22] In Skinner's view, computer clubs often offered a kind of official regulating framework for the unofficial social networks that had already been formed around microcomputers and their use.[23] Petri Saarikoski has shown that computer clubs played a key role in the first users' exploration of the possibilities of microcomputers in the Nordic region.[24] Similarly, Dov Lungu and Zbigniew Stachniak have pointed out that the earliest Canadian computer hobby organization contributed significantly to the introduction and social acceptance of home computing in that country.[25]

In the Greek case, computer clubs were formed around user practices and different models of imported home micros rather than a certain model of domestically manufactured computer. In our view, the computer clubs in 1980s Greece can be classified as either "open" or "closed". The latter class addressed users of a specific home micro model and was controlled by stores that were authorised resellers or wholesalers of this computer model. Membership to closed computer clubs was in most cases automatic, without the user's explicit consent. Purchasing a specific model was enough to give you access to newsletters, meetings, seminars or other training events organised at the store where the purchase was placed. Support to those who bought the specific model of home micro was the main aim of these clubs.

In a 1987 advertisement one can read that members of a closed club for users of Amstrad home micros could have access to several products and services, including "free educational and professional software programmes, constant help and updates, use of printers, Greek and foreign books and magazines, exchange of information and programmes between the members clubs, special prices in peripherals and books and seminars for amateur users". With few exceptions, this type of computer club ('closed') never became popular in Greece, due, firstly, to the limited number of big hardware importers able and willing to finance the operation of such computer clubs and, secondly, due to the absence of domestic manufacturers that would have been obliged to offer such products and services to their customers.

A very active "closed" computer club, operated by MEMOX, was founded in 1985. It served as the exclusive distributor of Commodore home computers in Greece up until the end of 1992. MEMOX was a family business but had soon grown enough to open several stores in Greece and a flagship central store in Athens (Sevastoupoleos 150, Ampelokipoi). It was at this

---

22 SKINNER David Ian, Technology, Consumption and the Future. The Experience of Home Computing, PhD thesis, Brunel University, 1992, 182–184, 310–313.
23 Ibid., 181, 186.
24 SAARIKOSKI (see note 20).
25 LUNGU/STACHNIAK (see note 20).

Fig. 1: Advertisement of the "closed" AMSTRAD Club. Source: *MicroMad* 10 (January 1987), p. 69.

store that all models of Commodore home micros, peripherals, software and various consumables were exhibited, for trial and prospective purchase. MEMOX created the Commodore Club, which was designed for all users that had bought a Commodore home micro. It provided these users with access to educational seminars (on Assembly, DOS, BASIC and other programming languages) and the right to borrow from a software library.[26]

"Open" computer clubs addressed users of several home microcomputer models and covered many aspects of computer use. The main difference between the closed and the open clubs was that membership in the latter

---

26 PAPANIKOLAOU Aris, "Greek Software Houses in '80s and '90s – The Early days", I am Retro, http://www.iamretro.gr/greek-software-houses-in-80s-and-90s-the-early-days/ (accessed on 7. 1. 2017).

was independent of computer purchase. In most cases, a membership fee was required. These clubs operated through the computer stores and computer magazines which emerged as the leading mediating factors of the home microcomputing technology in 1980s Greece.[27] In contrast to closed computer clubs, open clubs encouraged aspects of use that could be accused of being illegal, like software copying and the modification of home computers. Open computer clubs formed an efficient and inventive communication nexus for users with varying interests, aims, abilities and mentalities. They allowed users to develop skills within a hospitable environment.

Open computer clubs encompassed official practices, like the organisation of programming seminars, as well as unofficial ones, where members-users could act according to their aspirations: they could practice programming, explore the potential of hardware and peripherals, exchange ideas and software, try a computer they considered buying or simply play a game.[28] Through such practices, the Greek computer clubs of this type allowed members to see, try and discuss all the elements of home microcomputing technology: hardware, software, peripheral equipment, documentation, etc. Software was of utmost importance to members since it was integral to the microcomputers' operation yet was expensive and scarce. Open club users could acquire copied software that they would otherwise not have access to. They could also circulate programmes they had written themselves.

In an advertisement, dating back to 1986, we can discern the main reason behind the creation and popularity of computer clubs in Greece: the lack of adequate software and support for home microcomputers: "Due to the lack of support in our country we created TI CLUB ATHENS. TI CLUB ATHENS has the support of TEXAS INSTRUMENTS INC themselves."[29] The amateur character of these computer clubs seemed more apparent than that of the closed ones. Greek home micros users who participated in open clubs were able to exchange information and practices without the fear of being accused of infringing laws related to software piracy. Most advertisements for this type of computer club emphasized the free and uncontrolled character of exchange through them.

After 1984, computer clubs in Greece developed dynamically, with Greek computer magazines hosting more and more news on their activities and foundation. Some of them published columns dedicated to computer clubs all over Greece. As was customary at that time, computer clubs

---

27 LEKKAS Theodore, "Computer Technology Periodicals and the Circulation of Personal Computer Knowledge in 1980s Greece", History of Technology, 33/1 (2017).
28 "The CLUBS ... and the clubs. Athens Microclub", PIXEL, 7 (February 1985), 38.
29 "Small Advertisements", MicroMad, 7 (September 1986), 88.

contributed to the magazines' content by publishing programme listings in the context of user support and by advertising their own activities. However, a reduction in advertisements and columns dedicated to them shows that interest in clubs declined towards the end of the 1980s.

Possible explanations for this development include the spread of affordable IBM-compatibles at the expense of home microcomputers. IBM's entry to the business of personal microcomputing in 1981 led to a gradual uniformity in the PC platform and to an explosion of PC clones, known as IBM PC compatibles, which provided the same functionality at a lower cost than IBM's machines. The clones were initially more expensive than the affordable home microcomputers produced by small computer manufacturers, but gradually their price decreased as many new companies making clones (and mainly based in Taiwan) tried hard to attract attention by offering low prices.[30]

Moreover, the circulation of 16bit models of home micros gradually replaced the 8bit ones. This second generation of home microcomputers could reproduce impressive graphics and sound and contributed to their use for recreation instead of experimentation and programming, which were the uses which defined the first generation. By the early 1990s, most computer clubs had been transformed into professional initiatives and had lost much of the early amateur enthusiasm that defined them.

"The PIXEL Club is You": Computer Clubs and Magazines in 1980s Greece

The emergence of computer clubs overlapped with the early-1980s gathering of momentum by home micros in Greece.[31] Computer clubs found a fertile field of development for several reasons, most notably the absence of formal state institutions for computer education. The Greek state was focused on issues of relevance to commercial policy and taxation. Neither

---

30 PORTER Martin, "PC Piracy: Growing by Leaps and Boundaries", PC Magazine, 3/1 (1984), 185–190; BESHER Alexander, "Hong Kong's Microcomputer Industry. Pirates Eye Market for IBM PC Clones", InfoWorld, 12 (1984), 79–80; BESHER Alexander, "The Black-market Micros of Sham Shui Po", InfoWorld, 12 (1984), 80–81. By 1983 there were more than 100 firms in Taiwan cloning the designs of Apple II and IBM PC. This explosion of cloning was facilitated by the open architecture of the IBM Architecture. SAXENIAN Annalee, "Taiwan's Hsinchu Region: Imitator and Partner for Silicon Valley", in: BRESNAHAN Timothy F., GAMBARDELLA A., Building High-tech Clusters. Silicon Valley and Beyond, Cambridge 2004; ASH R. F., GARVER J. W., PRIME P. B., Taiwan's Democracy. Economic and Political Challenges, Abingdon 2011.

31 Similar activity has been identified in other countries, like Finland, where three user clubs shaped specific aspects of home microcomputers use: "The 1800 Users' Club Association", "Mikrofan – Computer Club Association of Pirkanmaa" and "Microprosessor Club of Salora Ltd". SAARIKOSKI (see note 20), 277–287.

the state nor a state-related institution like public television ever developed any substantial policy to promote the use of home micros through education, or television programs, as did the BBC network in the United Kingdom through the BBC Computer Literacy Project during the late-1970s.[32] No initiative aimed at promoting the understanding and use of home microcomputing or at helping to introduce them to new environments (such as public school classrooms and private homes), even though the number of Greek users that focused on programming and in-depth computer technical knowledge was at the time rapidly increasing.

Greek users of home micros were eager to exchange experiences, discuss different aspects of them and to exchange technical expertise and material in connection with the new technology. Columns where users could discuss their experiences were especially popular. In some cases the decision to launch a new computer magazine was shaped by the explicit need for such user discussion fora. *PIXEL* was actually formed by user feedback. More specifically, it emerged out of user pressure to publish more listings, attached to the parent magazine *Computer for All (Computer για Όλους)*. From the first issue, *PIXEL* made clear that its emergence was a response to the need of an increasing number of amateur users for new programs. According to N. Manousos, the Chief Editor of *PIXEL* at the time:

"The need for the creation of such a magazine became evident through a questionnaire, published in the 5th issue of *Computer for All*, where a great number of users asked for more such programs. As a response to this feedback we launched *PIXEL,* the first Greek magazine that focuses on program listings for the most popular micros in the Greek market."[33]

The relationship between computer users and computer magazines was shaped by the fluid and amateur character of home microcomputing during the first half of the decade. Early computer magazines were overdetermined by a comradeship, a sense of being part of a family that included, in addition to the magazines, computer stores/retailers and users. Publications supporting computer clubs remained amateurish throughout the 1980s and thus managed to cultivate close ties between publishers/

---

32 BBC, Continuing Education Television. Computer Literacy Project, London 1981, http://www.computinghistory.org.uk/pdf/acorn/BBC-Computer-Literacy-Project.pdf (accessed on 3. 7. 2018); SALKELD Robert, "BBC Computer Literacy Project", Media in Education and Development, 15/2 (June 1982), 67–70; BLYTH Tilly, "Computing for the Masses? Constructing a British Culture of Computing in the Home", in: TATNALL Arthur (ed.), Reflections on the History of Computing. Preserving Memories and Sharing Stories (IFIP Advances in Information and Communication Technology), Heidelberg 2012, 231–242; LEAN Tom, Electronic Dreams. How 1980s Britain Learned to Love the Computer, London 2016, 192–200.

33 MANOUSOS Nikos, "Letter from the Editor" [Γράμμα από τον Εκδότη], PIXEL, 1 (November–December 1983), 3.

Fig. 2: "5 Years Compupress!!!". Source: *PIXEL* 42 (March 1988), 12.

editors and readers/users. For an example of a family tie we may mention *PIXEL*'s decision to publish photographs of its crew during personal moments of celebration on the occasion of the five year anniversary of the Compupress foundation.[34]

PIXEL became the most successful publication in the field of computers in Greece during the 1980s, surpassing *Computer for All,* of which it was initially an insert. It gradually acquired a following of almost 20,000 readers.[35] Its reader basis remained strong throughout the 1980s. Membership on the order of tens of thousands followers was also achieved by the computer

---

34 "Events. Our celebration" [Εκδηλώσεις. Η δική μας γιορτή], PIXEL, 42 (March 1988), 12.
35 KOUSERAS George, "The history of the first USERs. An interview to the retromaniax society of amateur users", http://www.tinyart.com/y7qqzh8d (in Greek accessed on 3. 7. 2018).

magazine *RAM* during the following decade. This seems even more impressive if we take into account that, up until 1987, *PIXEL* addressed only users of home micros and not IBM compatibles.

The publication of *PIXEL* marked a turning point in the development of the Greek computer-related press. First, it signified the dominance of software over hardware. This culture emphasized practices like the modification, copying and distribution of software, through ignoring the guidelines of the manufacturers and state laws. Second, it emphasized the publication of program listings. The publication of listings helped create a dynamic means of communication with readers, since many of them negotiated with the magazine the publication of their own programmes, indicated errors and provided solutions to them. In some cases, *PIXEL* was used as a forum where readers/contributors could demonstrate their programming expertise in order to present themselves within the newly formed sociotechnical environment. Third, *PIXEL* focused on programming as being an expected and indispensable part of use of microcomputers. The emphasis in programming declined gradually in the late-1980s, yet remained, dominant throughout the decade.

Computer magazines ushered in the formation of their own computer clubs and both served as hubs bringing together the isolated Greek users. For example, the *PIXEL* magazine Club was launched under the following lines: "[...] our field was, and still is, an amateur field, for people who love what they do, without having any second thoughts about it. For people like this, for you, this magazine takes a great step. To bring all those interested in computers under the same roof, we are launching the *PIXEL* Club."[36] The idea of networking was at the heart of the new initiative and the free exchange of ideas among users was discussed as an impetus to a wider and deeper use of computers, through the exchange of technical knowledge on software development and computer use in general. In the 1984 words of an anonymous *PIXEL* columnist:

"Should we also mention the great potential offered to an amateur user by the communication with others in the field of microcomputers? Or the need to save time and effort in the development and exchange of software?"[37] "The *PIXEL* Club aims mainly to bring personal computer users together and facilitate communication among them. This aim is, in our opinion, fundamental if we want to promote understanding of computer technology and programming."[38]

In this context, the *PIXEL* computer magazine took up the task of creating the first computer club formed by a technical press medium. It

---
36 "Why a User Club?" [Γιατί άραγε και λέσχη;], PIXEL, 2 (May–June 1984), 14.
37 "For Our Club to Begin" [Για να ξεκινήσει η Λέσχη μας], PIXEL, 3 (July–August 1984), 15.
38 "Our Club" [Η Λέσχη μας], PIXEL, 4 (September–October 1984), 116.

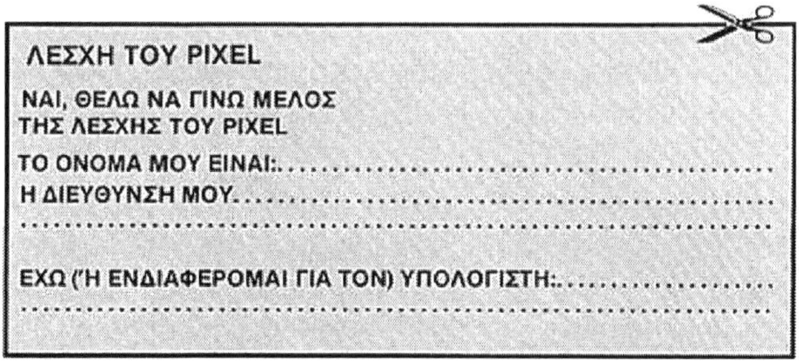
ΛΕΣΧΗ ΤΟΥ PIXEL

ΝΑΙ, ΘΕΛΩ ΝΑ ΓΙΝΩ ΜΕΛΟΣ
ΤΗΣ ΛΕΣΧΗΣ ΤΟΥ PIXEL

ΤΟ ΟΝΟΜΑ ΜΟΥ ΕΙΝΑΙ:..
Η ΔΙΕΥΘΥΝΣΗ ΜΟΥ...
....

ΕΧΩ ('Η ΕΝΔΙΑΦΕΡΟΜΑΙ ΓΙΑ ΤΟΝ) ΥΠΟΛΟΓΙΣΤΗ:........................
....

Fig. 3: Application form for registering in the *PIXEL computer club.* Source: *PIXEL* 2 (May–June 1984), p. 14.

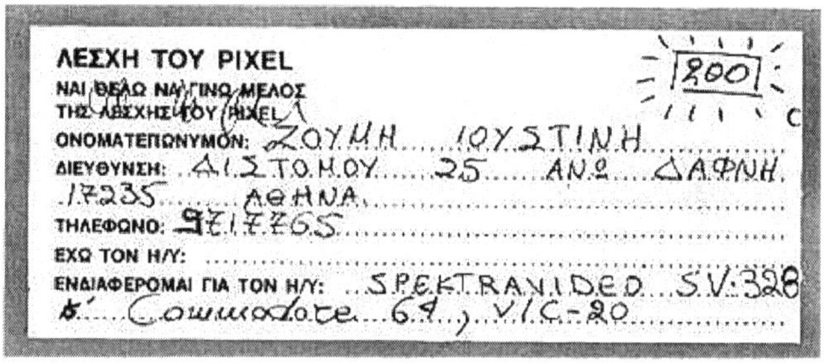
ΛΕΣΧΗ ΤΟΥ PIXEL

200

ΝΑΙ, ΘΕΛΩ ΝΑ ΓΙΝΩ ΜΕΛΟΣ
ΤΗΣ ΛΕΣΧΗΣ ΤΟΥ PIXEL
ΟΝΟΜΑΤΕΠΩΝΥΜΟΝ: ΖΟΥΜΗ ΙΟΥΣΤΙΝΗ
ΔΙΕΥΘΥΝΣΗ: ΑΙΣΤΟΜΟΥ 25 ΑΝ.Δ ΔΑΦΝΗ
17235 ΑΘΗΝΑ
ΤΗΛΕΦΩΝΟ:
ΕΧΩ ΤΟΝ Η/Υ:
ΕΝΔΙΑΦΕΡΟΜΑΙ ΓΙΑ ΤΟΝ Η/Υ: SPEKTRAVIDEO SV-328
Commodore 64, VIC-20

Fig. 4: Application form number 200 as published in *PIXEL* containing personal details and preferences of the applicant. Source: *PIXEL* 5 (November–December 1984), p. 116.

contained special groups and even subgroups of users, based on their preferred microcomputer. The list of the first user groups included the following subgroups per home micro: SINCLAIR (ZX-81, Spectrum 16 and 48K, QL), ORIC (ORIC-1, ATMOS), COMMODORE (VIC-20 and COMMODORE 64), TEXAS (TI-99/4A), ATARI (400, 800, 600XL), BBC (A&B Model, Electron), NEWBRAIN, DRAGON, LYNX and BIT-90.[39]

Its members were able to exchange expertise, information and user experiences with their computer of choice, software created by themselves or others, news about new or upcoming models and peripherals coming on the market.[40] Communication among users was facilitated by a special column in the magazine, the dispatch of newsletters to member's addresses and the distribution of each member's address to the rest of the group. We did not encounter any article mentioning life meetings, however.

39 Ibid.
40 Ibid.

The operation of computer clubs by and around magazines of the time was not strictly regulated by written rules and guidelines. Computer clubs resembled friendly gatherings of users, based on free initiatives. The only commitment expected was a minimum amount of activity to keep the club operational. Failure to sustain this single commitment, necessarily led to the group's disbanding. *PIXEL* encouraged initiatives involving users. The magazine collected and categorized user-related information and assigned temporary group directors from amongst members so as to smoothly launch and develop these initiatives. As the columnist responsible for the PIXEL CLUB operation informed: "The next step is for the temporary group directors to contact you by phone and arrange the group's first meeting. After the first meeting, a large part of the initiative will fall on you, the PIXEL CLUB members. It would be a mistake to view this CLUB as an executive centre that provides ready answers to your questions. Such a passive view of your membership in the CLUB undermines, we think, the great potential to be realized through the ingenuity and initiative of the members themselves. [...] Because, as we have said: the PIXEL CLUB is YOU."[41]

Even though there was experience with clubs abroad, which was frequently useful, considerable effort was required to tailor home microcomputer computer clubs to the Greek social environment. This was clearly explained in the column dedicated to the operation of the PIXEL CLUB in 1984: "[...] so, when an attempt is made to launch here something that already exists abroad, we end up going undecidedly back and forth between two possible solutions: to 'dryly' copy, or to adapt to our standards? Each solution has its own weaknesses, [...] adaptation, which is the ultimate goal, requires an infrastructure, something that traditionally is not appreciated in the Greek framework [...]."[42]

As already mentioned, the operation of a computer club by *PIXEL* was perceived as an amateur activity. However, as the number of users wishing to join such a club increased, the magazine's management team gradually began to ask for a membership fee. The first 200 members received the title of founding members and were exempt from all charges, but all subsequent members were asked to pay a fee of 2000 Greek Drachmas (GRD),[43] roughly the equivalent of €15 today. This amount may seem small but it was actually 15% higher than the annual subscription to *PIXEL* or *Computer for All*, which at the same period (November–December 1984) was 1350 GRD.[44] This one-time fee caused some protest and was replaced, in the next issue, by two six-month instalments of 1000 GRD each. This

---

41 "For our club to begin" (see note 37), 15.
42 "Our Club" (see note 38), 116.
43 "Our Club" [Η Λέσχη μας], PIXEL, 5 (November–December 1984), 116.
44 User Club Application Form, PIXEL, 5 (November–December 1984), 118.

ΟΝΟΜΑΤΕΠΩΝΥΜΟ: ....
ΔΙΕΥΘΥΝΣΗ: ....
ΠΕΡΙΟΧΗ (Αν μένετε σε μεγάλη πόλη): ....
ΤΗΛΕΦΩΝΟ: ....
ΚΩΔΙΚΟΣ ΑΡΙΘΜΟΣ ΠΟΛΗΣ Ή ΧΩΡΙΟΥ: (π.χ. 01 για Αθήνα) ....
ΗΛΙΚΙΑ: ....
ΥΠΟΛΟΓΙΣΤΗΣ: ....
MODEM: ....
ΤΑΧΥΤΗΤΕΣ ΜΕΤΑΔΟΣΗΣ/ΛΗΨΗΣ: ....
SOFTWARE ΕΠΙΚΟΙΝΩΝΙΑΣ ΠΟΥ ΧΡΗΣΙΜΟΠΟΙΩ: ....

Fig. 5: Application form for the registration in the computer club for modem users. Source: *PIXEL* 29 (January 1987), 112.

ΚΑΤΑΛΟΓΟΣ MODEM USERS

ΟΝΟΜΑ	ΤΗΛΕΦΩΝΟ	ΥΠΟΛΟΓΙΣΤΗΣ	MODEM	SOFTWARE	ΠΟΛΗ	ΔΙΕΥΘΥΝΣΗ	ΤΑΧΥΤΗΤΑ (bauds)
Αλβανός Χρήστος	051-221781	Commodore 128	Ιδιοκατασκευή	Ιδιοκατασκευή	Καβάλα	Ανθεμίου 35	300/1200
Δάρρας Νίκος	01-8971282	Commodore 64	[illegible]	VIP Terminal	Αθήνα	Ναυτικός 7 Βάρη	300
Δευτεραίος Σπύρος	01-9812344	Atari 1040 St	Miracle 2000	Anaigraf	Αθήνα	—	300/1200
Κατσαμπής Κώστας	01-6844101	IBM AT 3	Discovery 1200 H	Framework, Bilcom	Αθήνα	Καλλίγα 68, Φιλοθέη	300/1200
Μουρίδης Κώστας	01-8065668	Macintosh 512	Apple	Mac-Terminal	Αθήνα	Δημοκρατίας 14, Πεύκη	300/1200
Νικολαΐδης Βασίλης	413-7331644	Atari 1040 ST	Maxwell 1200	Flash Terminal	Longmeadow USA	7 Quinnetah [illegible]	300/1200
Παπαθανασίου Νάσος	01-9352081	Atari 520 ST	Miracle 2000	PC Intercomm	Αθήνα	—	300/1200
Φραγκιαδάκης Πάνος	01-6462718	Elite XT	Τρίτων	PC Talk	Αθήνα	Αμφείας 27, Γκύζη	300/600/1200

Fig. 6: A catalogue of the modem users. Source: *PIXEL* 33 (May 1987), 35.

came along with an expansion of member privileges, including discounts in computer stores and subscriptions to magazines published by Compupress, the publisher of *PIXEL*.[45]

In 1987 *PIXEL* sparked the creation of another computer club, which covered the modem, a radically new technology that amazed Greek home computer users at the time. It was called the "modem users" club. This club included all those who wanted to install and use the first modems for home use; modems had become available in the Greek market only a year earlier.[46] A few months after the establishment of the computer club for modem users *PIXEL* published the first catalogue of its members with full contact details. As with the computer club for home micros, modem users could join this special club by completing and mailing the relevant application form, available in the magazine.

Besides the creation and mediation of computer clubs, *PIXEL* also published information about the operation of several other open computer clubs in Greece, run mainly by small or medium computer stores. It did not,

45 "Our Club" [η Λέσχη μας], PIXEL, 8 (March 1985), 58.
46 LEKOPOULOS Antonis, "TELEPIXEL. If Your Computer Feels Lonely" [TELEPIXEL. Αν ο υπολογιστής σας νοιώθει μοναξιά], PIXEL, 29 (January 1987), 112.

however, monopolise the information on the activities of Greek computer clubs. *MicroMad* computer magazine, for example, was one of the first to dedicate a column ("The Club's Page") to news and activities of computer clubs all over Greece.[47] Similarly, *SPRITE* magazine often published news regarding the operation of the Greek computer clubs in its column "News on Sprite".

"The club that unites all the Greeks": Computer Clubs and Stores in 1980s Greece

As we saw, the *PIXEL* Club was developed in connection with a computer magazine. Computer clubs were also formed through the initiatives of other mediating actors: authorized retailers, private educational institutions, and, more frequently, computer stores. For example, the computer store called *The Computer Club* hosted a computer club going by the same name, which grew out of its "customer support department". Club membership allowed users to use the computers and peripherals available in the store. Interestingly, the store allowed beginner club members to borrow microcomputers and peripherals, for use at their own homes, so as to become acquainted and familiar with this new technology.[48] This practice was very important during the first years of the 1980s, when home computers, and especially peripherals like printers, were not affordable to many of the potential home micro users.

Another example is the "Club of Computer Friends", which was launched by a computer store located at Stournara Street, a road in downtown Athens known as the "Greek Silicon Valley". According to this club's founding announcement, published in *PIXEL* in 1985, members could use, at no additional cost, all the club computers, including machines like the ORIC ATMOS, SPECTRUM, Commodore 64, New Brain, Amstrad, BBC Model B and the MSX. This announcement also stressed that the club provided printers for all the above microcomputers, which were necessary for printing program listings. Members actually had access to a library that contained "Greek and foreign computer literature as well as

---

47 "The Club's Page" [Η Σελίδα των Clubs], MicroMad, 2 (February 1986), 30-31. According to G. Kourtesis, a columnist of MicroMad, the magazine also attempted to mediate in the communication of the information regarding the operations of the computer clubs. In 1985 he wrote: "[...] the list of clubs is already very extensive and since their activities are equally extensive, it is our duty to inform you every month about their actions and their news. This is the aim of the present column and I believe there is no lack of interest in the matter of CLUBS. KOURTESIS Giannis, "The Club's Page" [Η Σελίδα των Clubs], MicroMad, 1 (December 1985), 12.
48 "The CLUBS … and the Clubs" [τα CLUBS … και τα clubs], PIXEL, 4 (September-October 1984), 10-11.

Fig. 7: "The club that unites all the Greeks". Advertisement of the Computer Club run by the computer store that went by the same name. Source: *PIXEL* 5 (November–December 1984), 11.

a unique collection of Greek and foreign computer magazines".[49] A user could become a club member by paying an entrance fee of 500 GRD. The user could then choose the length of his/her subscription and pay the corresponding fee.[50]

Some of the computer clubs run by computer stores were part of international networks of clubs. This gave club members access to international newsletters and, more generally, experiences with home microcomputer use in various sociotechnical environments. The availability of this international network brought Greek users in contact with the more advanced technical knowledge of foreign computer clubs. The communication between the domestic and foreign computer clubs was realized

---

49 "A Few Words for the MICROCLUB" [Λίγα λόγια για το MICROCLUB], PIXEL, 9 (April 1985), 109.
50 A monthly subscription cost 1000 GRD while subscription for three months and six months cost 2500 GRD and 4000 GRD respectively.

through two main forms, typical and non-typical. The typical form required a kind of formal partnership, usually involving knowledge exchange and provision of the one club's newsletter through the other club; non-typical communication involved buying and reselling newsletters, user guides and software. *Computer Club* developed non-typical forms of communication with foreign computer clubs and referred to them in its newsletter. This newsletter, delivered to the members by mail, contained all kinds of computer-related news and advertisements.[51] By 1985 computer clubs hosted by computer stores were already quite popular and their numbers kept increasing. In the inaugural September – October 1984 *PIXEL* column that was devoted to Greek user clubs we can read:[52] "The smooth operation and great number of computer clubs is, as we all know, one of the main factors that help familiarise the public with computers and their applications. This column is launched with the aim to provide information on the activities of clubs and to provide answers to basic questions like where are they located, what they offer to potential members, how much a membership costs, what activities do they organize etc."

Users who bought in 1988 the Atari ST home microcomputer from the *Computer Market* store at Botasi street could subscribe to the ATARI CLUB for free. The ATARI CLUB was advertised as if it was independent but it was actually strongly connected to the *Computer Market store*. This club was introduced by the store as part of its "promotion and user services sector".[53] Like most clubs, the ATARI CLUB was represented as an attempt to collect and disseminate information on software and hardware for the ATARI ST computers. This was necessary because the support for 16bit computers, like the Atari, was inadequate in comparison to the 8bit home micros. As explained in a press release published in the magazine *SPRITE,* the club "started out as an idea to gather ATARI ST users, through the exchange of software and ideas".[54] A photograph of the ATARI CLUB depicts the internal design of the computer store, showing the mezzanine that hosted the club. It contained the ATARI ST machines used for software copying and demonstrations.

Membership of the ATARI ST club included free access to software. As explained, "one of the main advantages of CLUB membership is the access to all programmes that are available in Greece or abroad for free".[55] A club member could acquire up to three programmes per day for free.[56] These

---

51 "The CLUBS ... and the Clubs" (see note 48), 10–11.
52 Ibid.
53 "Facts... Rumors... Comments" [Γεγονότα... Φήμες... Σχόλια...], PIXEL, 44 (May 1988), 11.
54 "News on Sprite", SPRITE, 1 (September 1988), 10.
55 Ibid.
56 Testimony of a home microcomputer user from that time, http://turricanblog.blogspot.gr/2012/06/computer-market-2-atari-club-st.html (accessed on 3. 7. 2018).

Fig. 8: A photograph of the ATARI CLUB hosted in the Computer Market 2 in the Exarcheia area (Solomou street 25A & Botasi street). Source: User testimony, http://turricanblog.blogspot.gr/2012/06/computer-market-2-atari-club-st.html (last access on 3. 7. 2018).

Fig. 9: A photograph of a home micro user from the 1988 reveals a collection of diskettes with the "ATARI CLUB" logo which were contained copied software. Amongst them, one can recognize a diskette that contains a set of Greek font designed by the Greek company ELKAT S. A. Source: Ibid.

programmes were copied from the originals. They covered almost every aspect of microcomputer use, including recreation, education, professional use, and support of Greek fonts.[57] Club members could select the software of their choice from an extensive list of available programmes. The only cost for the member was that of the blank disks used by the club to copy the programmes. According to a relevant press release, an ATARI CLUB member had at his/her disposal several several hundred titles, which covered "public domain software, dozens of accessories and utilities, application programmes, programming languages and myriads of games [...] access to most of the Greek and international computer literature [...] a prospect for free computer training".[58]

The collaboration between computer magazines and computer stores resulted in a dynamic bond between the two, which offered the basis for additional services. For example, in July 1985, the *Microcomputer User Club,* hosted by the computer store MICROCLUB, addressed readers of *PIXEL* who wished to have their software (program listing) published in the magazine. Knowing that most users of home computers did not own a printer, the computer club offered its own printers for printing program listings, in order to mail them to the magazine for publication.[59] *PIXEL*'s collaboration with MICROCLUB included the publication of technical solutions to various problems, covering the gaps in the technical know-how provided by available manuals and instruction sheets that accompanied microcomputers and their peripherals.[60]

Also in 1985, MICROCLUB introduced, in collaboration with *PIXEL,* an amateur software house comprised of members that would write software for home microcomputers on a voluntary basis. These programmes were not "professional", as the main goal was to actively include users in software development in order to counterbalance the scarcity of software for the home micros. One of the aims of this initiative was the creation of educational software for high school classes.[61] In the same spirit, a "mini software house" was announced in 1985 as part of the customer support offered to users of Amstrad's QL microcomputer. According to the announcement of this initiative, this "mini software house would be comprised of dedicated

---

57 Ibid.
58 "Facts... Rumors... Comments" (see note 53), 11.
59 PIXEL, 12 (July 1985), 17.
60 "Microclub. Microclub's News" [microclub. Τα νέα του microclub], PIXEL, 10 (May 1985), 116. It followed a whole series of related articles published in: PIXEL, 11 (June 1985), 116; PIXEL, 13 (August 1985), 116; PIXEL, 14 (September 1985), 97–98; PIXEL, 15 (October 1985), 99–101; PIXEL, 18 (January 1986), 107–108; PIXEL, 19 (February 1986), 97–99; PIXEL, 20 (March 1986), 85–87.
61 "Microclub. Microclub's News" [microclub. Τα νέα του microclub], PIXEL, 15 (October 1985), 98, and PIXEL, 18 (January 1986), 107.

Fig. 10: Advertisement of the User Club MICROCLUB: Seminars in Information Technology. The lower part of the advertisement is an application form. Source: *PIXEL* 9 (April 1985), 111.

admirers of computing who take it upon themselves to support QL users by creating software".[62]

Another important function of clubs was the organisation of seminars for both beginners and advanced users of home computers. Beginners could attend familiarisation seminars on home micros running on BASIC, which were provided for free to club members. Advanced users could attend seminars on programming languages like Pascal, Fortran, C, Cobol and the machine languages Z-80 and 6502.[63] These seminars focused both on hardware and software, with programming covering almost all the aspects of use of home microcomputers. As displayed in Figure 10, MICROCLUB organized seminars on various aspects of home microcomputing programming. The form to apply to these seminars was published in *PIXEL*.

The computer stores' initiative to create computer clubs complemented user support efforts by software and hardware manufacturers. The added

---

62 KOURTESIS (see note 47), 12.
63 "Microclub. Microclub's News" [microclub. Τα νέα του microclub], PIXEL, 18 (January 1986), 107.

advantage of unofficial support helped develop and employ practices beyond the scope of commercial companies. Through such participation, users also felt that they belonged to a community of users with similar needs and interests. In this manner they acquired the identity of active users gaining technical expertise and access to hardware, software and knowledge on all aspects of microcomputing.

Conclusion

In the early 1980s, a number of computer clubs were introduced so as to help in adapting the computer to local needs. Since there was no formal state education in the use of the personal computer, many users were driven to seek alternative channels of training on how to use their home micros. This gap was largely filled by the computer clubs. The Greek computer clubs played a more crucial role than did international clubs, because the Greek clubs addressed pressing local needs. Clubs domesticated home micros and adjusted them to the needs of the Greek users by providing appropriate programming knowledge and copied software.

In 1980s Greece, a populist socialist government sought to advance big computing technology projects in order to bring Greece closer to the technologically advanced countries of Europe. Our findings, however suggest that the advance of personal computing technology in Greece was actually influenced by the actions of ordinary users, who formed networks in the context of computer magazines and/or stores, rather independently of any state initiatives.

Computer magazines and stores featured as the core mediating actors in the development of computer use in this period. They ushered in the sharing of technical experiences and knowledge. To be sure, during this period there was neither a big Greek computer manufacturer nor a computer retail chain market. The Greek computer market was fragmented in hundreds of small stores soliciting business from consumers purchasing a home computer for small business, education or entertainment.

The imported home computing technology was mediated by these stores, which hosted computer clubs as part of their support and services to customers. Moreover, amateur users could rely on these clubs to help become familiar with machines, peripherals and software. On top of everything, joining a computer club that was hosted by a computer store provided access to copied commercial software. The availability of copied software was key for most users. In many cases amateur software houses were developed within computer clubs, by member-volunteers who produced microcomputer software.

Computer clubs were crucial factors fostering computer use in the 1980s. The closed clubs, and more so the open clubs, brought together users of different mindsets, aims, interests and capabilities, in a very productive manner. Club members were given a space to form attitudes and identities of use within a friendly environment, which encouraged practices that were not necessarily part of the rhetoric expressed by the manufacturers and official importers. The dominance of the open type of computer clubs reveals that an open culture of use, with the practice of sharing at its heart, was the predominant social paradigm of computer use in 1980s Greece.

Theodore Lekkas
(PhD, History of Technology, National and Kapodistrian University of Athens/ National and Technical University of Athens, 2014) teaches history and philosophy in secondary education and has 12 years of experience as an IT Requirements Analyst and Technical / Proposal Writer. He specializes in the adaptation of computing technology to local use and the construction of the public image of computing technology.

Aristotle Tympas
(PhD, History and Sociology of Technology, Georgia Tech, 2001) works as professor at the Department of History and Philosophy of Science, National and Kapodistrian University of Athens. His *Calculation and Computation in the Pre-electronic Era: The Mechanical and Electrical Ages* was published in 2017 by Springer.

READing Handwritten Documents

Projekt READ und das Staatsarchiv Zürich auf dem Weg zur automatischen Erkennung von handschriftlichen Dokumenten

Tobias Hodel[1]

Recent advances in machine learning have led to substantial improvements in the recognition of layouts and handwriting in historical documents. The EU-funded READ project (https://read.transkribus.eu/) has developed cutting-edge Handwritten Text Recognition technology which allows scholars to automatically transcribe documents of any date, script or language.
This technology is freely available in the Transkribus platform, where users can train algorithms to recognize and search large collections written in single or multiple hands. The paper discusses the current state of the technology as well as use-cases for the recognition of handwriting. A key role is given to archives in the project in order to evaluate results and expectations with computer scientists.

Die historische Forschung braucht Quellen, um Bilder, Eindrücke und Einschätzungen vergangener Zeiten zu gewinnen. Diese Quellen gelten als Rohstoff der Wissenschaft und überdauerten in unterschiedlichsten Zusammenhängen die Zeit. Mittels Digitalisierung und durch die Aufarbeitung der Überlieferung in Archiven wurden in den vergangenen Jahrzehnten grosse Mengen von Dokumenten, insbesondere Texten, einfach zugänglich gemacht.

Aller Aufarbeitung zum Trotz ist der Zugriff auf die Dokumente nur bedingt gegeben. Eine vollständige Durchsuchbarkeit wird etwa erst möglich, nachdem die Texte bearbeitet worden sind. Für Drucke hat sich in den vergangenen Jahren die *optical character recognition* (OCR) durchgesetzt. Damit können mit hoher Genauigkeit Zeichen und Worte identifiziert werden. Noch immer ist die Technik jedoch fehleranfällig, was sofort auffällt, wenn Frakturtexte erkannt werden. Eine weit höhere Stufe der Komplexität

---

[1] Wissenschaftlicher Mitarbeiter am Staatsarchiv des Kantons Zürich. Kontakt: tobias.hodel@ji.zh.ch. Alle URLs wurden letztmals am 27. 2. 2017 abgerufen.

wird erreicht, sobald nicht nur standardisierte Lettern erkannt werden sollen, sondern die Handschrift von Menschen.

Die Mehrheit der bis Mitte des letzten Jahrhunderts produzierten Schriftstücke liegt in dieser Form mit ihren individuellen Eigenheiten vor. Doch auch die menschliche Handschrift soll in Zukunft durch Algorithmen dahingehend erkennbar werden, dass eine weitere Verarbeitung und vor allem eine Durchsuchbarkeit der Texte ermöglicht wird. Die Chancen und Möglichkeiten, die sich aus einer solchen automatisierten Extraktion von Text aus Handschriften ergeben, sind für Wissenschaftler, die sich mit der Vormoderne beschäftigen, offensichtlich. Aber auch für die Neuzeit werden dadurch neue Quellenkorpora zugänglich und per Klick durchsuchbar.

Die Qualität der Volltexte wird vorwiegend von der Menge des zur Verfügung gestellten Trainingsmaterials abhängen, das in den nächsten Jahren für die Entwicklung der Technologien erzeugt wird. Das Staatsarchiv Zürich partizipiert in dem Zusammenhang an READ *(Recognition and Enrichment of Archival Documents),* einem wegweisenden Projekt, das im Rahmen von «Horizon 2020», dem Förderprogramm der Europäischen Union, bis Mitte 2019 die Technologie zur Einsatzreife in unterschiedlichen Kontexten entwickeln wird.

Im Rahmen der vorliegenden Vorstellung werden die technischen Grundlagen erörtert, die Projektpartnerschaften mit den Erinnerungsinstitutionen skizziert und künftig mögliche Weiterverarbeitungsschritte angetönt.

Technische Grundlagen der Handschriftenerkennung

Sowohl bei der *optical character recognition* (OCR) als auch bei der *handwritten text recognition* (HTR) basiert die Erkennung von Texten auf zwei Pfeilern: einerseits auf der Layout-Analyse, also der Identifikation, wo sich in einem zweidimensionalen Raum Schrift findet; andererseits auf der Erkennung dieser Zeichen als Buchstaben, Zahlen oder Satzzeichen und somit letztendlich als Text. Beide Schritte werden im Rahmen von READ von unterschiedlichen Forschungsteams mehrfach entwickelt. Somit entstehen im Lauf des Projekts nicht nur zwei, sondern mehr Sets von Algorithmen, die gegeneinander abgewogen und auch kombiniert werden können.

Im Fall der Layout-Erkennung wird versucht, Textregionen zu identifizieren und innerhalb dieser Regionen Linien und, wichtiger noch, *baselines* festzustellen. Unter *baseline* versteht man die imaginäre Linie, auf der eine Hand schreibt.[2] Basierend auf dieser Identifizierung, ist in einem zweiten Schritt die eigentliche Handschriftenerkennung möglich.

---

2 Zur automatisierten Layouterkennung siehe: STAMATOPOULOS Nikolaos, GATOS Basilis,

Abb. 1: Screenshot einer segmentierten Seite aus Transkribus. (NEUKOMM Sigismund, *Die Christnacht*. Universitätsbibliothek Basel, Autogr SarasinCh 392, http://dx.doi.org/10.7891/e-manuscripta-13885)

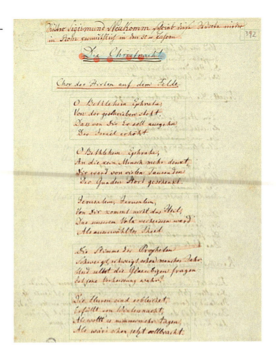

HTR funktioniert, anders als OCR, nicht auf der Erkennung von einzelnen Zeichen, sondern auf der Analyse von Zeichenfolgen, womit sowohl ganze Zeilen als auch Worte gemeint sein können. Die erkannten Zeichenfolgen werden dann in unterschiedlicher Reihenfolge durch rekurrente neuronale Netze «gelesen» und Angaben zur Wahrscheinlichkeit der Lesung eines Zeichens werden gespeichert. Als Auswertung wird schliesslich entweder die wahrscheinlichste Lesung ausgegeben oder aber die Wahrscheinlichkeitstabelle (*confidence matrix*) für Suchanfragen zur Verfügung gestellt, um ein sogenanntes *keyword spotting* zu ermöglichen.[3]

Die Qualität der Erkennung mittels rekurrenter neuronaler Netze (RNN) basiert auf der Menge des Trainingsmaterials, das zur Verfügung steht, um einen Schrifttyp beziehungsweise die Eigenheiten eines Schreibers einzuüben.[4] Ab ungefähr 100 Seiten Trainingsmaterial wird eine Erkennung

---

«Goal-Oriented Performance Evaluation Methodology for Page Segmentation Techniques», in: Proceedings of the 13th International Conference on Document Analysis and Recognition (ICDAR), 2015, 281–285 und Grüning, Tobias; Leifert, Gundram; Strauß, Tobias u. a.: A Two-Stage Method for Text Line Detection in Historical Documents, in: CoRR abs/1802.03345, 2018. Online: https://arxiv.org/abs/1802.03345.

3 Zu *keyword spotting* siehe TOSELLI Alejandro Hector et al., «HMM Word Graph Based Keyword Spotting in Handwritten Document Images», *Information Sciences*, 370–371 (2016), 497–518, DOI: 10.1016/j.ins.2016.07.063.

4 Zu den rekurrenten neuronalen Netzen siehe LEIFERT Gundram et al., «Cells in

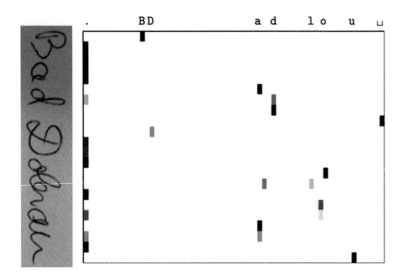

Abb. 2: GRÜNING Tobias, «Erkennungsmatrix – Confidence Matrix», Vortrag im Rahmen des Workshops *Digital Humanities und Editionswissenschaften,* Folie S. 14, http://www.hist.uzh.ch/dam/jcr:4e582cb5-940a-422f-bcb1-022110dd35fd/Gruning.pdf

im Bereich einer *character error rate* (CER) von 10 % möglich. Die CER wird durch den Vergleich der Erkennung mit der Vorlage von aufbereiteten (Test-)Seiten ermittelt, die nicht für das Training genutzt worden sind. Damit lässt sich die Zahl der Fehler pro 100 Zeichen eruieren.

Im Idealfall wird für einen Schreiber bei 1400 Seiten aufbereiteten Materials eine Erkennung im Bereich einer CER von 3 % möglich. Inwiefern eine gute (= CER < 10 %) Erkennrate – genügend Trainingsmaterial vorausgesetzt – für unterschiedliche aber ähnliche Hände, beispielsweise die Deutsche Kurrent des 19. Jahrhunderts, erreichen lässt, ist Teil der Forschungen in READ und wird im Rahmen des ständigen Austauschs zwischen den Projektpartnern über die Grenzen der Disziplinen hinaus diskutiert.[5]

Weiter verbessert wird die Erkennung über den Einbezug von Wörterbüchern, die übernommen oder eigens angelegt werden können. Grundsätzlich wird jedoch der Erkennung durch die neuronalen Netze

Multidimensional Recurrent Neural Networks», in: Journal of Machine Learning Research 17, 97:1-97:37 (2016), https://arXiv.org/abs/1412.2620v02.

5 MÜHLBERGER Günter, KAHLE Philip, COLUTTO Sebastian, «Handwritten Text Recognition (HTR) of Historical Documents as a Shared Task for Archivists, Computer Scientists and Humanities Scholars: The Model of a Transcription & Recognition Platform (TRP)», in: *HistoInformatics,* 2014,

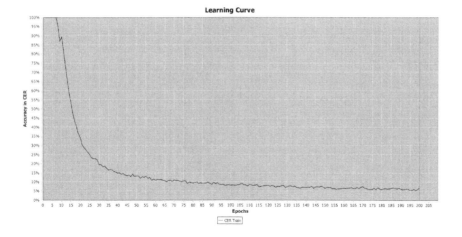

Abb. 3: Screenshot aus Transkribus. Entwicklung der Fehlerrate *(character error rate)* beim Training rekurrenter neuronaler Netze (200 Durchgänge) mit circa 400 Seiten Trainingsmaterial.

der Vorrang eingeräumt, damit Schreibvarianten nicht unnötigerweise korrigiert werden und erhalten bleiben; der sogenannten Hyperkorrektur wie sie häufig in OCR-Prozessen gefunden wird, kann somit ein Riegel geschoben werden.

Rolle der Erinnerungsinstitutionen

Im Gegensatz zu rein computerwissenschaftlich orientierten Forschungsprojekten bezieht READ Stakeholder aus den Geisteswissenschaften in den Entwicklungsprozess mit ein. Neben Geisteswissenschaftlern werden dabei vorwiegend Erinnerungsinstitutionen wie Bibliotheken und Archive angesprochen, die ihre Bestände nicht nur ins Netz stellen wollen, sondern den Nutzenden einen Zugriff auf Texte in Handschriften anbieten.
Im Rahmen der Kooperation mit READ wurde das Staatsarchiv Zürich beauftragt, eigenes Trainingsmaterial zur Verbesserung von Kurrenthandschriften herzustellen. Basierend auf Transkriptionen, die im Rahmen des Projkts TKR (Transkription und Digitalisierung der Kantonsratsprotokolle und Regierungsratsbeschlüsse des Kantons Zürich seit 1803)[6] erstellt wurden, erfolgten mehrere Trainings- und Evaluationsphasen. Aus den Erfahrungen

---

6 Für die Projektbeschreibung siehe http://www.staatsarchiv.zh.ch/internet/justiz_inneres/sta/de/ueber_uns/organisation/editio nsprojekte/tkr.html.

wird es möglich abzuschätzen, welche Textgüte mit spezifischem Training erreicht werden kann und welche Kosten im Prozess entstehen.

Gleichzeitig werden Weiterverarbeitungsschritte wie *document understanding* und *entity recognition* getestet.[7] Mit beiden Verfahren werden nach Möglichkeit Informationen identifiziert und aufbereitet, um Strukturen wie Titel oder Seitenzahlen sowie Orts- bzw. Personenangaben aus den erkannten Texten zu extrahieren.

In Zukunft werden Historikerinnen und Historiker dank der momentan entwickelten Technologien eine weitaus grössere Menge an Texten und Dokumenten berücksichtigen können, die in einer verbesserten Aufbereitung vorliegen, sodass eine trennschärfere Auswahl aufgrund einer breiteren Datengrundlage getroffen werden kann.

Die Software «Transkribus» ist frei verfügbar unter http://transkribus.eu. Weiterführende Informationen, ständige Aktualisierungen und Berichte zu den einzelnen Forschungsbereichen finden sich auf der Projekthomepage unter http://read.transkribus.eu

Das Projekt wird im Rahmen des Forschungs- und Innovationsprogramms «Horizon 2020» der Europäischen Union (Grant Agreement No 674943) gefördert.

Tobias Hodel
is postdoc at the state archives of Zurich and responsible for project READ, working on handwritten text recognition. He pursued a PhD in history (defended in 2016) about archival practices in Königsfelden Abbey. Hodel is in charge of a digital edition project (funded by the Swiss National Science Foundation) and the e-learning platform Ad fontes.

---

7 Zum *Document Understanding* siehe DEJAN Hervé, «Document Analysis and Layout Using Sequential Pattern Mining Techniques», in: *XRCE Blog*, 23. 1. 2017, http://www.xrce.xerox.com/Blog/Document-Analysis-and-Layout-Using-Sequential-Pattern-Mining-Techniques.